U0809351

心理健康分类教育丛书
丛书总主编 黄跃群

职务犯心理矫治

ZHIWUFAN XINLI JIAOZHI

主编◎宋君玲 柳 维 副主编◎岳宁祥

暨南大学出版社
JINAN UNIVERSITY PRESS
中国·广州

图书在版编目（CIP）数据

职务犯心理矫治／宋君玲，柳维主编；岳宁祥副主编．—广州：暨南大学出版社，2016.12
（心理健康分类教育丛书）
ISBN 978－7－5668－1995－6

Ⅰ．①职…　Ⅱ．①宋…②柳…③岳…　Ⅲ．①职务犯罪—犯罪分子—心理健康—健康教育—中国　Ⅳ．①D926.7

中国版本图书馆 CIP 数据核字（2016）第 277139 号

职务犯心理矫治
ZHIWUFAN XINLI JIAOZHI
主　编：宋君玲　柳　维　副主编：岳宁祥

出 版 人：徐义雄
策划编辑：苏彩桃
责任编辑：苏彩桃　黄燕红　张熙勤
责任校对：黄　斯
责任印制：汤慧君　周一丹

出版发行：暨南大学出版社（510630）
电　　话：总编室（8620）85221601
营销部（8620）85225284　85228291　85228292（邮购）
传　　真：（8620）85221583（办公室）　85223774（营销部）
网　　址：http://www.jnupress.com　http://press.jnu.edu.cn
排　　版：广州良弓广告有限公司
印　　刷：湛江日报社印刷厂
开　　本：787mm×960mm　1/16
印　　张：8.5
字　　数：158 千
版　　次：2016 年 12 月第 1 版
印　　次：2016 年 12 月第 1 次
定　　价：29.80 元

（暨大版图书如有印装质量问题，请与出版社总编室联系调换）

“心理健康分类教育丛书”编委会

主　审： 邱鸿钟　梁瑞琼

主　编： 黄跃群

副主编： 潘建平　柳　维

成　员：（按姓氏笔画排序）

马利军　任滨海　江雪华　宋君玲　图　雅

柳　维　黄时华　黄跃群　龚文进　潘建平

序　一

在以健康中国作为发展战略的大背景下，“心理健康分类教育丛书”（以下简称“丛书”）即将正式出版，这是我省监狱系统心理健康矫治教育史上的一件大事和喜事！该丛书首次全面、系统、科学、规范地对服刑人员心理健康教育各个方面进行开拓性的探索，其中来自工作一线的系列创新实践，极大地丰富了心理矫治教育内容，填补了我省服刑人员心理健康教育的空白。

“要加大心理健康问题基础性研究，做好心理健康知识和心理疾病科普工作，规范发展心理治疗、心理咨询等心理健康服务。”这是2016年8月习近平总书记在全国健康与卫生大会上的嘱托和厚望。加强心理矫治理论和方法等基础性研究，对于担负着教育人、改造服刑人员重任的监狱系统来说更是刻不容缓、任重道远。

社会所需，学术所为。本丛书的问世，具有超前性、实用性和知识性，契合了健康中国的新主旨，也较好地满足了监狱心理健康矫治教育的迫切需求。服刑人员的心理健康，关乎社会的安定和谐，需要心理健康教育者、监狱管理者、医务工作者等多学科人员的齐心协力，汇聚智慧，创新探索。本丛书的问世，在心理健康教育体系建设和规范化矫治上具有前瞻性，在加强服刑人员心理健康矫治教育上具有实用性，在提升服刑人员的心理健康素养上具有知识性。

实践为基，成果共享。本丛书夯实了心理健康研究的基础性、科学性和权威性。丛书的作者跨条块、跨领域、跨身份的合作研究，既接地气，又显生气。丛书从情绪管理入手，延伸到身心健康、人际关系、婚姻家庭、环境适应、职务犯矫治和“三观”教育的探索，把基础性研究做得扎实科学，使之成为指导实践、促进矫治的金钥匙。

本丛书开职务犯心理矫治教育的先河。职务犯心理矫治是监狱系统一个全新的课题。本丛书以心理学相关理论为基础，运用专业的心理咨询、辅导和治疗的方法，对职务犯的犯罪心理进行了深入的探究，开出了职务犯自我认知障碍与矫治、社会认知障碍与矫治、情绪障碍与矫治和适应障碍与矫治的药方，为其消除违法犯罪的心理结构、修正行为模式、顺利完成服刑改造并回归社会提供了实用性的指导，为监狱警察的矫治实践提供了专业性的指引。

本丛书开创了心理矫治教育的新视角。本丛书的主编及参编作者主要是当前活跃在心理矫治领域的一线专家和青年才俊，具有扎实的学术功底和丰富的实践经验，而且取得了许多颇具价值的理论成果。他们从情绪、人际、环境、身心、生活、回归的角度切入，导入创新的端口，给心理矫治带来新视野、新思维、新路径。

本丛书内涵丰富。在编写这套丛书的过程中，作者注意吸收近年来心理健康矫治教育的最新成果，注意国内外学术发展的最新动向，力争使丛书内容能够站在世界的学术前沿，反映心理矫治教育成熟的理论。值得欣慰的是，整套丛书将学术性、新颖性、应用性和可读性有机结合起来，以期更好地推动心理健康矫治教育的开展。

强化心理健康意识，普及心理健康生活，优化心理健康教育，建设心理健康环境是“监狱人”的所盼所归。把服刑人员改造成心理健康、遵纪守法的新人，是社会赋予我们的责任。健康中国，健康狱园，是我们的热切期待。愿本丛书的出版能为加快健康中国、和谐中国的建设添砖加瓦。

以服刑人员心理健康矫治为出发点，从“1”发轫，促进服刑人员身心健康，推进健康狱园建设的新征程已经开始，这必将为服刑人员带去更多、更广、更公平的健康福祉。丛书的出版，良可志贺，特为之序。

*

2016 年 11 月 22 日

---

* 李景言：广东省监狱管理局局长。

序　二

心理健康教育与心理咨询是一项思想性和技术性都很强的工作，不同的社会环境，不同的社会阶层，不同的群体，其心理状况各有特点。如何结合工作对象的特殊性开展心理健康教育和心理咨询的理论与技术研究，是应用心理学界需要不断创新探索的课题。

人之初，是性本善还是性本恶，或是不善也不恶？这种关于人性的基本假设不仅是哲学、伦理学探索的课题，也是心理健康教育与心理咨询工作取向的出发点。一个人为何会犯罪？是人性恶之本源作祟，还是善心缺乏栽培和引导？服刑人员虽然身在监狱，但是否心服口服，真正认识到了自己犯罪的渊薮？事实上，将自己犯罪的原因外归因还是内归因十分重要，这几乎决定了服刑人员未来出监后的发展方向，是痛改前非还是故伎重演、重走老路？由此可见，监狱心理矫治工作在提高服刑人员改造质量，降低服刑人员重新犯罪率，帮助他们更好地适应环境等方面担负有极其重要的功能。

心理健康教育与心理咨询工作治病救人犹如医学一般，但以往的监狱心理健康教育常有教育内容针对性不强、分类不够清晰等不足，因此，如何围绕心理健康教育对象的心理问题，辨证施治，分门别类地给予有针对性的教育与实施心理矫治工作，就需要教育理念、教育载体、教育内容与方法手段的创新。正如现代医学模式正从生物医学模式朝向生物心理社会医学模式转型升级一样，监狱心理健康教育与心理矫治工作也需要通过不断的创新驱动来实现水平的提升。

我们可喜地看到，在广东高校心理学专家教授、医院心理医生与监狱从事心理矫治警察的跨界融合、协同创新之下，“心理健康分类教育丛书”付梓了。这套丛书凝聚了专家学者和监狱警察的心血和智慧，把创新发展理念付诸实践，促进心理矫治工作创新发展，对于监狱心理矫治实务工作将带来积极的影响，可喜可贺！

该丛书作者勇当分类教育创新的探索者、实践者和推动者，坚持以创新理念统领丛书，把分类教育的规律性作系统化归纳，把教育内容的丰富性作专业化总结，把教育形式的创新性作科学化提升，编写出一套“既接地气，又服水土，融合创新”的心理健康分类教育丛书，打造心理矫治教育的“新蓝海”。该丛书共分七部：《健康从心开始》《生存　生活　生命》《人际关系与沟通》《情绪管理训练》《职务犯心理矫治》《亲情与我同行》《环境用心适应》，涵盖了服刑人员的身心健康，世界观、人生观和价值观教育，人际关系，情绪管理，职务犯心理矫治，婚姻家庭，环境适应七个方面的探索，具有较强的基础性、理论性和可操作性。丛书的出版，开创了高校与监狱合作编写教材的先河，填补了监狱系统心理健康分类教育专属教材的空白，是心理健康分类教育的引领之作，对于提高监狱心理健康矫治工作的专业化和规范化水平将起到积极的指引作用。祝愿“心理健康分类教育丛书”能成为服刑人员重新认识自我、提高心理素养的精神食粮和良师益友，成为监狱心理矫治人员专业工作的指南。

谨以为序。

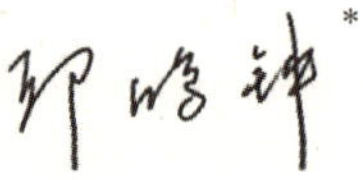 *

2016 年 11 月

---

* 邱鸿钟：广东省心理卫生协会副理事长、广东省高校心理健康教育与咨询专业委员会主任、广州中医药大学教授、博士生导师。

目录
Contents

第一章

职务犯心理矫治概述

职务犯罪是我国刑事犯罪领域重点打击的危害社会公共秩序和管理制度的犯罪类型。职务犯罪主要是指掌握一定管理、支配公共财产、人事关系等多种实权的国家公务人员滥用职权、谋取私利、侵犯公共利益的犯罪。职务犯罪包含了贪污贿赂犯罪、渎职罪、侵犯公民人身权利和民主权利的犯罪三大类型。职务犯罪破坏社会政治、经济和法治秩序，造成恶劣的社会影响。近年来，伴随着经济的发展，职务犯罪案件呈现增长态势。因此，对职务犯的有效改造，尤其是心理矫治，成为监狱管理工作的重点和难点课题。本章节在介绍职务犯罪的基础上，对职务犯心理矫治的意义、理论基础和常用方法进行概要性的介绍。

第一节　职务犯罪概述

职务犯罪是指国家工作人员和其他在社会团体、企事业单位中依照法律、法规或者组织章程从事公务的人员在履行职务过程中，利用职务上的便利条件，或者滥用职权，或者不正确履行职权所实施的违背职责要求、依照《中华人民共和国刑法》（以下简称《刑法》）应予以刑事处罚的犯罪行为。

职务犯罪，具体包括《刑法》“分则”第八章所规定的“贪污贿赂罪”、《刑法》“分则”第九章规定的“渎职罪”以及国家机关工作人员利用职权实施的非法拘禁等侵犯公民人身权利和民主权利的犯罪。

根据刑法学对于职务犯的基本理论，职务犯的构成要件具有一定的特殊性，如犯罪主体的身份特殊性、主观要件多具有主观故意、犯罪客体的特殊性等。

职务犯是典型的身份犯，即犯罪主体具有特殊的身份。在刑法规定中，特殊身份主要包括以特定公职为内容的特殊身份、以特定职业为内容的特殊身份、以特定法律义务为主要内容的特殊身份、以特定法律地位为内容的特殊身份、以持有特定物品为内容的特殊身份、以参与某种活动为内容的特殊身份等。我国《刑法》规定，具有以下身份的人员违反法律的相关规定，构成职务犯罪：①国家机关工作人员；②国有公司、企事业单位中的国家工作人员；③人民团体中的工作人员；④受国家机关、国有公司、企事业单位、人民团体的委托管理、经营国有财产的人员。

职务犯罪的主观要件是指刑法规定成立犯罪必须具备的、犯罪主体对其实施的危害行为及其危害结果所持的心理态度。这里所说的主观，是反映支配行为人外在活动的主观意识，直接反映了行为人对于刑法所保护的社会关系的悖反态度。

犯罪客体是犯罪构成的必要要件。没有一种犯罪是没有犯罪客体的。职务犯罪侵害的是国家对职务活动的管理职能。一是利用职务之便；二是滥用职权；三是严重不负责任，不履行或不正确履行职务。职务犯罪的主要表现形式如下：

第一，利用职权谋取私利、进行权钱交易，徇私枉法。其具体表现为个别行为主体利用手中职权直接为当事人谋取利益。

第二，侵犯国家、集体、公民及法人的合法权益，违法办事。其具体表现是利用职务特权进行违法操作，严重侵犯了相对主体的合法权益，使国家、集体、公民及法人受到财产、人身及秩序上的损害。

第三，严重违反法定程序办事，违背“程序合法实体公正”的要求。由于行为主体不按照法定程序处理，程序不公正，从而导致实体公正也无从体现，直接影响了行使职权的客观公正，亵渎了公权力的尊严，而且损害了相关职能部门的荣誉和形象。

从具体类型来看，职务犯罪分为贪利性、渎职性和侵权性犯罪。2015 年修正的《刑法》规定，检察机关管辖 53 种国家工作人员职务犯罪，划分为三大类：贪污贿赂罪（第八章）；渎职罪（第九章）；侵犯公民人身权利和民主权利的犯罪。贪污贿赂罪，在我国《刑法》第八章中规定了 14 个罪名，包括：①贪污罪；②挪用公款罪；③受贿罪；④单位受贿罪；⑤利用影响力受贿罪；⑥行贿罪；⑦对有影响力的人行贿罪；⑧对单位行贿罪；⑨介绍贿赂罪；⑩单位行贿罪；⑪巨额财产来源不明罪；⑫隐瞒境外存款罪；⑬私分国有资产罪；⑭私分罚没财物罪。渎职罪在我国《刑法》第九章规定了 30 多个罪名。包括：①滥用职权罪；②玩忽职守罪；③徇私枉法罪；④私放在押人员罪；⑤国家工作人员签订、履行合同失职被骗罪等。

职务犯罪的主要危害有以下几点：

1. 破坏国家基本管理秩序

职务犯罪对国家基本管理秩序的破坏首先体现在危及法治建设和政府改革进程。坚决、忠实履行法律赋予的职责，保证国家各项职能的实现是对国家工作人员的最基本要求。如果法律的制定者、实施者的行为背离法律的要求，破坏法律的尊严、统一和正确实施，将会对其他工作人员产生误导作用。

其次，职务犯罪对政府现代化运作形成阻碍。政府的良性运作是社会稳定与经济发展的最根本保证。

2. 动摇国家的根本

首先，职务犯罪破坏政权的稳定，导致政治体系合法性的危机。其次，职务犯罪削弱党和政府的执政能力。处于各级管理层的国家工作人员绝大部分是共产党员，如果这些人利用职务之便牟取个人私利或任意亵渎职责，必然大大地降低党和政府的威信，破坏党和政府的执政能力。

3. 破坏市场经济及其发展

国家工作人员利用职务之便实施贪污受贿、渎职侵权等犯罪行为，破坏国家的经济秩序，严重危害着我国市场经济的存在和发展。因为每个国家在经济发展的过程中，都会面临资源短缺和资金不足的问题。优化资源配置，充分利用国家有限资金是推动市场经济发展的重要保证。从经济上讲，职务犯罪是权力寻租活动，必然加重市场经济中的矛盾和问题，破坏社会资源按照市场规律进行优化配置，最终阻碍经济的发展。

4. 对社会文化和价值观念的误导

首先，职务犯罪与公权力的滥用是相互联系的，滥用公权力的同时，必然会给国家或另一部分人带来不公平，而这势必会影响社会的公平正义观念。其次，冲击社会心理稳定，滋生极端个人主义和道德虚无主义。社会稳定与否直接体现在公众心理是否趋于稳定。社会心理稳定即人心稳定，它是衡量社会稳定的标准。职务犯罪的大量存在会严重损坏党和政府的形象，使社会公众的心理笼罩着一层阴影，人们的不满和怨气会不断积累膨胀，并寻求发泄途径，这就可能引起社会动荡。

5. 毒化社会风气

社会转型时期也是新的价值观念体系构建时期，因而容易使人们产生困惑和迷惘的心态。职务犯罪危害性不仅表现在毁掉一批干部，造成巨大经济损失，还表现在降低了公众的道德标准和社会的凝聚力，加剧了社会的失范状态，使公众对法律和权威持怀疑和蔑视的态度，直接影响了公众的守法观念，同时也使其他公职人员降低了奉公守法的自觉性。

第二节　职务犯的心理矫治

职务犯心理矫治是指以心理学相关理论为基础，运用专业的心理咨询、辅导和治疗的方法，为职务犯提供思想教育、心理辅导、行为纠正等方面的心理健康服务，以使其消除违法犯罪的心理因素，从而修正行为模式，顺利完成服刑改造，回归社会。职务犯的心理矫治工作具有监管功能、矫正功能和服务功能。

一、职务犯心理矫治对于监狱管理的重要意义

职务犯一般具有文化程度较高、认知能力和工作能力较强、年龄偏大、社会阅历丰富、维权意识较高、社会背景复杂等特点。因此在职务犯的改造过程中应重点关注对其思想认识的教育与改造，从心理学上来讲，就是完成对其错误认知、扭曲的角色定位、混乱的价值观念的矫治，达到调整其认知与情绪、实现正确的社会角色定位，为其服刑改造、重新回归社会打下心理基础。使其经过改造教育之后，能够重新顺利地融入社会。

实现对职务犯的心理矫治，不但能够提升职务犯改造教育的效果，而且能够利用职务犯本身的能力与素质，帮助监狱内其他服刑人员进行改造和教育，形成良好的示范效应和带动效应。在监狱管理实践中，有的职务犯会通过散播煽动性言论，甚至利用其他罪犯对抗监狱管理改造；或者充当幕后的操纵者，扰乱监舍正常管理秩序；也有的职务犯津津乐道其入狱前的“辉煌”，给同监罪犯传递负面的信息，引起群体对立情绪。因此，对职务犯的改造不仅关系到职务犯本人的转变，而且关系到监区的整体管理与改造对象的群体稳定。

职务犯的心理矫治与改造是监狱管理水平的重要体现。作为国家暴力机关的监狱，代表国家和社会集体的意志，运用强制力量，对反社会行为实施规范性惩处。对于罪犯的教育和改造效果直接体现着监狱管理的水平以及司法水准。职务犯的改造也对监狱干警的管理水平提出了更高的要求。面对学历水平可能更高，社会经验、人生阅历可能都更加丰富的职务犯，作为监狱干警，不但要具有较高的政治素质、文化素质、业务素质和良好的心理素质，更重要的是要掌握教育和改造职务犯的专业方法。从心理学的角度切入，以专业的方法开展工作，既掌握科学的矫治改造方法，也树立专业的工作形象，达到既能够纠正职务犯本身的思想认识偏差，又得到职务犯对于教育改造工作的接纳与认同的目的。

职务犯往往具有相对稳定的观念认知，尽管思想改造的难度要高于其他普通刑事犯罪服刑人员，但是一旦能够通过专业的方法纠正其认知的偏差，

不仅能够实现对职务犯本人的教育改造，更能对其他普通刑事犯罪服刑人员起到示范作用，对于职务犯罪的预防也会产生积极的作用。近年在广东省内多家廉政教育基地的现场展示中，来自职务犯忏悔的影像资料、反思的文字材料，成了最具教育意义的素材，使参观者深为震撼。

二、职务犯心理矫治对于社会治理的重要意义

从入狱前的职务和岗位来讲，大多职务犯集中在社会的管理岗位，相当部分还居于社会治理的重要领导岗位；从专业技术上来讲，过半数的职务犯具有工程师、经济师等专业技术职称；从社会群体的划分来讲，这一群体的收入水平、知识水平和社会地位都处于中上，堪称社会的“精英阶层”。北京大学社会学系夏学銮教授曾指出，“一个社会需要精英，他们是构成稳定的社会结构的基础”“精英阶层，往往有稳定的价值情操和社会声望，因此也就有巨大的社会示范作用”“精英阶层更多是一种主流价值观遵行者和维护者，甚至是制定者，这是现代社会和传统社会的不同”。当精英阶层出现部分人违反法律的规定，破坏社会的规则受到法律惩处的情况，会给社会群体的心理造成很大的冲击与影响。精英阶层原来的榜样作用和示范作用会导致负向的社会效果。从这一意义上来讲，职务犯从社会精英堕落为阶下囚，成为反面典型，给所在职业、行业、组织等集体形象都造成了一种严重的冲击。

职务犯的矫治，是希望能够通过改造教育，让这一群体反思错误，重新回归社会并发挥其社会功能。这不仅对其个人是一种重新社会化的过程，对于社会治理来讲，也是一个修复和调整的过程。

从经济的角度来看，职务犯之前作为精英群体的一员，其社会培养成本一般比普通群体要高，尤其是教育成本方面的整体社会投入。从某监狱对于职务犯的统计来看，截至2015年2月，监狱内284名在押职务犯中，研究生以上文化程度占11.3%，大学、大专学历的占65.5%，总体来看，高等教育学历以上的接近80%。职务犯个人的经济成本和社会成本相对于普通人都要高很多。从社会精英阶层成为阶下囚，对个人来讲是人生道路上的重大挫折，对于社会来讲，更是一个重大的损失。对职务犯进行改造教育，使其能够认罪伏法，反思个人对于社会、家庭所造成的损失，对错误价值观进行澄清，并予以矫正，达到预防犯罪和挽救教育的目的。基于职务犯本身的专业技术能力，改造教育后仍然可以回归社会，重新为社会创造价值。

从政治的角度来看，入狱前担任领导或管理职务的职务犯的矫治改造，

对于职务犯罪预防教育具有典型的意义。在广东省内各大廉政教育基地的展示内容中，职务犯，尤其是因贪污、受贿等犯罪受到刑事处罚的职务犯的现身说法和忏悔给在职的国家机关工作人员和特定职务的工作人员带来很大的震撼。对职务犯的改造教育，对于重塑公共管理机关的公信力具有重要的意义。

从社会影响上来看，职务犯的改造教育对增强社会公众的法治信念具有重要意义。中国古代封建社会的人治传统，大大影响和阻滞了法治精神的培育。尽管职务犯入狱前担任领导或管理职务，但是法律面前人人平等，只要违法犯罪，一样要受到法律的惩处。任何人都没有凌驾于法律之上的特权。所以，职务犯的改造效果对于国家法制建设和法治意识的形成具有重要意义。

阅读材料 1－1

人生就像弈棋，一步失误，全盘皆输，这是令人悲哀之事；而且人生还不如弈棋，不可能再来一局，也不能悔棋。

——弗洛伊德

第三节　职务犯心理矫治的理论基础

一、精神分析学派

1899年，奥地利精神病医师、心理学家弗洛伊德（S. Freud，1856—1939）创立了精神分析学派。这一学派的理论在20世纪20年代广为流传，颇具影响。

弗洛伊德把人的心理分为两部分：意识与潜意识。潜意识不能被本人所意识，它包括原始的盲目冲动、各种本能以及成长过程中被压抑的动机与欲望。弗洛伊德强调潜意识的重要性，认为“性本能是人的心理的基本动力，是摆布个人命运和决定社会发展的永恒力量”。

弗洛伊德把人格分为本我、自我、超我三部分，其中本我与生俱来，包括先天本能与原始欲望；自我由本我分出，处于本我与外部世界之间，对本我进行控制与调节；超我是“道德化了的自我”，包括良心与理想两部分，主要职能是指导自我去限制本我的冲动。这三者通常处于平衡状态，若平衡被破坏，则导致精神病。正如弗洛伊德所说："一个在妈妈怀里受宠的孩子终生都会保持一种征服欲，那种成功的自信往往带来真正的成功。本我是马，自我是马车夫。马是驱动力，马车夫给马指引方向。自我要驾驭本我，但马可能不听话，二者就会僵持不下，直到一方屈服。"

弗洛伊德的精神分析开创潜意识心理的研究，开创了人格心理学、动力心理学和变态心理学的新领域，并促进自我心理学的发展，并且在心理治疗领域，影响了很多后来的治疗方法体系。该学派的主要代表人物是弗洛伊德（1856—1939）、阿德勒（1870—1937）和荣格（1875—1961）。

阅读材料 1－2：弗洛伊德生平

弗洛伊德是奥地利精神病医师、心理学家、精神分析学派创始人。1873 年进入维也纳大学医学院学习，1881 年获医学博士学位。1882—1885 年在维也纳综合医院担任医师，从事脑解剖和病理学研究。然后私人开业治疗精神病。1895 年正式提出精神分析的概念。1899 年出版《梦的解析》，被认为是精神分析心理学的正式形成。1919 年成立国际精神分析学会，标志着精神分析学派最终形成。1930 年被授予歌德奖。1936 年成为英国皇家学会会员。1938 年奥地利被德国侵占，赴英国避难，次年于伦敦逝世。他开创了潜意识研究的新领域，促进了动力心理学、人格心理学和变态心理学的发展，奠定了现代医学模式的新基础，为 20 世纪西方人文学科提供了重要理论支柱。

二、行为主义学派

行为主义学派的主要代表人物是华生（1878—1958）和斯金纳（1904—1990）。华生认为心理学是一门自然科学，是研究人的活动和行为的一个部门，要求心理学必须放弃与意识的一切关系。在研究方法上，行为主义比较丰富，主要包括观察法、条件反射法、言语报告法、测验法和社会实验法。观察法包括自然观察和借助仪器的观察。条件反射法是把生理学中的条件反射法引入到心理学中对行为进行试验研究的方法，是行为主义心理学中最重要的研究方法。言语报告法即被试报告其体内的变化，又称口头报告法。行为主义的测验法是测验被试对刺激情境所作出的反应，这种方法可以应用到有语言缺陷的人身上。行为主义的社会实验法在某种程度上可以说是行为主义原理在社会问题研究中的应用，可以考察社会情境和社会变化之间的关系。

伯尔赫斯·弗雷德里克·斯金纳（Burrhus Frederic Skinner，1904—1990），美国心理学家、新行为主义学习理论的创始人，也是新行为主义的主要代表。斯金纳在对学习问题进行了大量研究的基础上提出了强化理论，十分强调强化在学习中的重要性。强化就是通过强化物增强某种行为的过程，而强化物就是增加反应可能性的任何刺激。斯金纳把强化分成积极强化和消极强化两种。积极强化是获得强化物以加强某个反应，如鸽子啄键可得到食物。消极强化是去掉可厌的刺激物，是由于刺激的退出而加强了那个行为。如鸽子用啄键来去除电击伤害。教学中的积极强化如教师的赞许等行为，消极强化如教师的皱眉等行为。这两种强化都增加了反应再发生的可能性。斯金纳认为不能把消极强化与惩罚混为一谈。他通过系统的实验观察得出了一条重要结论：惩罚就是企图呈现消极强化物或排除积极强化物去刺激某个反应，仅是一种治标的方法，它对被惩罚者和惩罚者都是不利的。他的实验证明，惩罚只能暂时降低反应率，而不能减少消退过程中反应的总次数。斯金纳的强化原理对于监狱教育改造具有很重要的借鉴意义。职务犯行为规范的要求与养成，包括奖惩机制的设计，都有行为主义理论的基础渗透在其中。

阅读材料　1-3：斯金纳箱的实验

1. 行为的产生。

实验1：将一只很饿的小白鼠放入一个有按钮的箱中，每次按下按钮，则掉落食物。

结果：小白鼠自发学会了按按钮。

这个实验比巴普洛夫的经典条件反射实验更进了一步，研究如何建立行为，将行为与操作者的需求建立相倚性联系。换句话说，使行为者感觉到“行为”与“奖励”是有联系的。只要通过将行为与奖励不断重复、建立联系，就可以培养起操作者的行为模式。

2. 行为与惩罚。

实验2：将一只小白鼠放入一个有按钮的箱中。如果小白鼠不按下按钮，则箱子通电。

结果：小白鼠学会了按按钮。

“惩罚”，作为奖励的邪恶双生子，可以迅速建立行为模式。然而，惩罚具有一定的副作用：一旦惩罚消失，则它建立起来的行为模式也会迅速消失。从长远来看，惩罚对于行为的制止并不会起到显著作用。在现实生活中，因为惩罚带来的凡勃伦效应，有时甚至会使惩罚起反作用。

凡勃伦效应：美国学者凡勃伦认为，与产品越降价、需求越增多的一般规律不同，特定的产品越涨价，需求越增多。部分上流阶层的消费目的在于，炫耀自己的社会地位和成功，满足虚荣心，所以价格越高，需求则增加。相反，如果降价，体现上流阶层的界限变得模糊，所以需求减少。如果想要控制行为者不去进行某个行为时，应找到该错误行为的“奖励物”，移除该奖励，从而制止其错误行为。

3. 固定时间奖励。

实验3：将一只很饿的小白鼠放入斯金纳箱中，由一开始的一直掉落食物，逐渐降低到每1分钟后，按下按钮可概率性掉落食物。

结果：小白鼠一开始不停按按钮。过一段时间之后，小白鼠学会了间隔1分钟按一次按钮。

当掉落食物停止时，小白鼠的行为消失。因为行为者知道短期内行为不会再得到奖励。这种方式没有培养起小白鼠连续按按钮的行为，反而使小白鼠学会“偷懒”了。

4. 概率型奖励。

实验4：将一只很饿的小白鼠放入斯金纳箱中，多次按下按钮，概率掉落食物。

结果：小白鼠学会了不停地按按钮。

当不再掉落食物时，小白鼠的学习行为消失速度非常慢。随着概率越来越低，小白鼠按按钮的学习行为没有变化，直至40～60次按按钮掉落一个食物，小白鼠仍然会不停按按钮，持续很久一段时间。（同样的，用鸽子做实验，平均每5分钟获得变化时距的食物强化的鸽子，每秒能做出2～3次反应，连续反应长达15个小时）这个实验模拟了为什么“赌博”——如简单的老虎机，或者更复杂的赌博——会给予人类以依赖感，或者说，成瘾性。由于概率性给予结果，行为者很难直观地判断机制是否失效，所以单次的失败不会给予明显的“惩罚”效果，不能终止行为者的习惯，从而行为者的学习行为一直持续下去。

5. 迷信的小白鼠?

实验5：概率型斯金纳箱。

结果：这些小白鼠中有很多培养出了奇特的行为习惯，比如撞箱子、作揖、转圈跳舞。这是因为掉落食物前，小白鼠正好在进行这些行为，于是产生了“迷信”。许多游戏中传出的谣言，比如“在中午抽奖容易得到大奖”，或者“带满一背包幸运兔脚可以获得更好的装备”之类，其原理与之相同。

三、格式塔学派

格式塔心理学又称完型心理学，格式塔心理学派强调整体并不等于部分的总和，整体乃是先于部分而存在并制约着部分的性质和意义。例如似动现象的发生、知觉过程中图形和背景的关系的意义等，基本上都是来源于格式塔学派的研究成果。苛勒的“顿悟”和韦特墨的“创造性思维”对学习的研究，也有某种程度的影响。顿悟的心理机制在心理矫治中的作用，尤其是在高学历的犯罪人员的心理矫治过程中的作用，值得探索和研究。

四、人本主义学派

人本主义学派反对仅仅以病态人作为研究对象，把人看作是本能牺牲品的精神分析学派，也反对把人看作是物理的、化学的客体的行为主义学派，主张研究对人类进步富有意义的问题，关心人的价值和尊严。该学派以马斯洛的需求层次理论和罗杰斯的自我理论为代表。亚伯拉罕·马斯洛1943年在《人类激励理论》一书中提出的需要层次理论，将人类需要像阶梯一样从低到高按层次分为五种，即：生理需要、安全需要、社交需要、尊重需要和自我实现需要。人在满足高一层次的需要之前，至少必须先部分满足低一层次的需要。第一类需要属于缺失需要，可起到匮乏性动机，为人与动物所共有，一旦得到满足，紧张消除，兴奋降低，便失去动机。第二类需要属于生长需要，可产生成长性动机，为人类所特有，是一种超越了生存满足之后，发自内心的渴求发展和实现自身潜能的需要。满足了这种需要，个体才能进入心理的自由状态，体现人的本质和价值，产生深刻的幸福感，马斯洛称之为“顶峰体验”。马斯洛认为人类共有真、善、美、正义、欢乐等内在本性，具有共同的价值观和道德标准。要达到人的自我实现关键在于改善人的“自知”或自我意识，使人认识到自我的内在潜能或价值，人本主义心理学就是促进人的自我实现。

罗杰斯的人本主义理论认为，人出生后随着他（她）与他人、环境的相互作用，开始慢慢地区分自我与非我，同时开始激活自我实现的过程。人在环境中进行各种尝试活动并产生出大量的经验，并在体验中追求积极经验，回避消极经验。个体在价值预估不一致的时候，预感到经验与自我不一致时，个体会运用防御机制（歪曲、否认、选择性知觉）来对经验进行加工，使之在意识水平上达到与自我相一致。如果防御成功，个体就不会出现适应障碍，若防御失败就会出现心理适应障碍。罗杰斯的以人为中心的治疗目标是将原本不属于自己的、经内化而成的自我部分去除掉，找回属于他自己的思想情感和行为模式，用罗杰斯的话说“变回自己”“从面具后面走出来”，只有这样的人才能充分发挥个人的机能。人本主义的理论实质就是让人领悟自己的本性，不依靠外部的价值观念，让人重新信赖、依靠机体估价过程来处理经验，消除外界环境通过内化而强加给他的价值观，让人可以自由表达自己的思想和感情，由自己的意志来决定自己的行为，掌握自己的命运，修复被破坏的自我实现潜力，促进个性的健康发展。

五、存在主义心理学

自20世纪50年代末以来，许多西方心理学家受存在主义和现象学的影响，试图从哲学的高度来理解人的心理和进行心理治疗。存在主义是一个哲学的非理性主义思潮，它认为人存在的意义无法经由理性思考而得到答案，而强调个人、独立自主和主观经验。尼采和克尔凯郭尔可被看作其先驱，雅斯贝尔斯、海德格尔、萨特和卡缪等是其代表人物。维基百科中概括存在主义的最突出命题为：世界没有终极的目标；人们发现自己处于一个隐隐约约而有敌意的世界中；人们选择而且无法避免选择他们的品格、目标和观点；不选择就是一种选择，即是选择了“不选择”；世界和我们的处境的真相最清楚地反映在茫然的心理不安或恐惧的瞬间。存在主义在20世纪中期流传非常广泛，受其影响的存在主义心理学家认为，当代西方心理学的最大弊端在于脱离了现代社会的生活实际。心理学家的首要任务应当是研究现代社会中人们普遍存在的空虚、孤独、焦虑、自我陌生和自我疏离等病态心理。精神分析学派对潜意识等人类行为的非理性根源的研究等也对存在主义心理学有直接影响。

存在主义将主客同一作为研究范式，秉承整体论的研究路线，把个体与他人、与社会、与自然的关系联系在一起，进而构成人格整体。通过对某些外部表现的观察和分析来了解人的内部存在。心理治疗方面主张通过对人格特点的完整理解，揭开神经症状的面纱，帮助病人从自己的内心深处认识和体验自己的存在，发现自己的潜能，重新鼓起生活的勇气。在价值的研究方面，存在主义重视人的价值和尊严，关心人的潜能和发展，把人生的意义、价值观、自由选择、潜能和责任等作为存在主义心理学的研究主题。

“对话”的心理学：一种理解人的尝试，其要点在于从根基上消除主体与客体之间的分裂。重视对对话的研究。

罗洛·梅（Rollo May，1909—1994）以存在主义为理论基础，以现象学为方法论，构建了自己的存在心理学。在心理学史上，罗洛·梅是介于存在主义和人本主义心理学之间的桥梁人物。研究真实的人是梅心理治疗的基础。罗洛·梅的存在心理学理论是由存在本体论、存在人格理论与存在心理治疗三个部分组成，存在本体论又分为存在分析论、焦虑本体论和爱与意志论。罗洛·梅的心理治疗是以存在主义哲学为指导的，关注人对现实存在及其生活意义的解释、理解和体验，在治疗中强调整体论、意向性和体验性。

第四节　职务犯心理矫治的方法

一、精神分析治疗

精神分析取向心理治疗，或称精神动力取向心理治疗，指的是建立在精神分析理论上的心理治疗方法。精神分析疗法认为无意识因素可能是造成患者痛苦与不幸的来源。可能表现为症状，也可能表现为某些人格特点，或者表现社会不适应。精神分析治疗法强调对患者的无意识心理过程进行分析，探讨这些无意识因素是如何影响患者目前的关系、行为模式和心理状态的，梳理患者的生活历史，探讨患者是如何经历既往的人生而发展变化，帮助患者更好地应对当下的成人生活。常用的方法有以下几种：

1. 共情

对于所有心理治疗方法而言，共情是建立良好治疗关系的基础，患者感到被治疗师理解往往是他们留在治疗室的最基本诉求。

2. 自由联想

自由联想法是弗洛伊德 1895 年创造的，他让患者很舒适地躺着或坐好，

把自己想到的（进入头脑中的）一切都讲出来。在弗洛伊德看来，浮现在脑海中的任何东西都不是无缘无故的，都是有一定因果关系的，借此可发掘出无意识之中的症结所在。自由联想是患者和治疗师沟通的主要模式，需要患者放松自己对思考流程习惯性的控制，说出脑中的想法。自由联想的前提是相对成熟的自我，足以维持观察性自我和体验性自我之间的分裂状态。对于有自我缺陷、有精神病性症状的患者，自由联想反而更加可能导致退行。

3. 诠释

简单而言，诠释就是让先前在无意识里面的事物浮现在意识层面。诠释是一种解释性的说明，将患者的感受、想法和行为，与它的无意识意义或者根源联结起来。诠释的重点往往在移情、患者过往以及当下的处境，或者是患者的阻抗或者幻想。一般而言，只有在无意识题材将浮现在意识层面，且这种情况被患者察觉时，治疗师才会给予诠释。

4. 面质

说出患者不愿接受的事，或者指明患者一味逃避或者避重就轻的表现。

5. 移情与反移情

移情与反移情并非某种治疗技术，而是精神分析治疗中的一种现象，对这种现象的处理构成了精神分析取向治疗中重要的组成部分。由于精神分析治疗所用的时间很长，患者会把自己对重要关系中的人物，如父母、亲人等的感情转移到治疗师身上，即把早期对别人的感情转移到了治疗师身上，把他当成自己的父母、亲人等。这种移情有的是正性的、友爱的，有的是负性的、敌对的。但移情并非是对治疗师产生爱慕，或有意识的恐吓，移情是患者无意识阻抗的一种特殊形式。治疗师通过移情可以了解到患者对其亲人或他人的情绪反应，引导他讲出痛苦的经历，揭示移情的意义，使移情成为治疗的推动力。精神分析治疗认为患者在分析过程中都会对使治疗师产生移情，对移情的处理成为患者对症状领悟的重要来源，因此移情被认为是精神分析治疗的重要组成部分。反移情则是治疗师将自己对重要关系中人物的感情转移到患者身上，觉察反移情往往也是治疗师理解治疗关系互动特点的重要途径。而建立在安全治疗关系前提下，治疗师对自己情感的适度自我暴露也可能成为建立与患者连接的重要手段。

6. 释梦

弗洛伊德1899年出版了《梦的解析》一书。他在给神经症患者治疗时，发现梦的内容与被压抑的无意识幻想有着某种联系。他认为睡眠时自我的控制减弱，无意识中的欲望乘机向外表现。但因精神仍处于一定的自我防御状态，所以这些欲望必须通过化装变形才可进入意识成为梦象。因此梦是有意义的心理现象，梦是人愿望的迂回的满足。对梦的解释和分析就是要把显梦的重重化装层层揭开，由显相寻求其隐义。为了得到梦的潜隐内容，治疗师需采用自由联想技术，要求患者对其梦中内容进行自由联想。通过联想，治疗师就可获得梦的真实意义。在分析过程中，由于阻抗的作用，患者可能会歪曲梦的内容。因此，治疗师还需突破患者清醒时的防御，才能达到理解梦的象征性的目的。释梦被认为是了解患者无意识的重要途径。患者通过对于所梦内容的联想，了解梦的外显内容之下的内隐内容。对梦的内容的象征进行诠释，有助于患者进一步了解自己的无意识内容。

7. 修通

诠释往往被阻抗所干扰，需要治疗师不断重复诠释，这种反复诠释移情及阻抗最后使得患者洞见深植于自己意识层面的自我知觉过程，这称为修通。

二、行为疗法

行为治疗的概念最早是斯金纳和利得斯莱于20世纪50年代提出的。它以实验心理学及心理学中行为学派的理论和观点为基础，主要包括系统脱敏法、厌恶疗法、行为塑造法、代币制疗法和暴露疗法。

1. 系统脱敏法

系统脱敏法是整个行为疗法中最早被系统应用的方法之一。沃尔帕在进行动物实验后，把系统脱敏疗法广泛运用于人类的临床实践。实施这种疗法时，首先要深入了解患者的异常行为表现（如焦虑和恐惧）是由什么样的刺激情境引起的，把所有焦虑反应由弱到强按次序排列成“焦虑阶层”。然后教会患者一种与焦虑、恐惧相抗衡的反应方式，即松弛反应，使患者感到轻松而解除焦虑；进而把松弛反应技术逐步地、有系统地和那些由弱到强的焦虑阶层同时配对出现，形成交互抑制情境（即逐步地使松弛反应去抑制那些较弱的焦虑反应，然后抑制那些较强的焦虑反应）。这样循序渐进地、有系统地把那些由于不良条件反射（即学习）而形成的、强弱不同的焦虑反应，由弱到强一个一个地予以消除，最后把最强烈的焦虑反应（即我们所要治疗的靶行为）也予以消除（即脱敏）。异常行为被克服了，患者也重新建立了一种习惯于接触有害刺激而不再敏感的正常行为，这就是系统脱敏疗法。它在临床上多用于治疗恐怖症、强迫性神经症以及某些适应不良性行为。

2. 厌恶疗法

厌恶疗法是一种帮助人们（包括患者）将所要戒除的靶行为（或症状）同某种使人厌恶的或惩罚性的刺激结合起来，通过厌恶性条件作用，从而戒除或减少靶行为的疗法。这一疗法也是行为治疗中最早和最广泛应用的方法之一。在临床上多用于戒除吸烟、吸毒、酗酒、各种性行为异常和某些适应不良性行为，也可以用于治疗某些强迫症。厌恶刺激可采用疼痛刺激（如橡皮圈弹痛刺激和电刺激）、催吐剂（如阿扑吗啡）和令人难以忍受的气味或声响刺激等，也可以采取食物剥夺或社会交往剥夺措施等，还可以通过想象作用使人在头脑中出现极端憎厌或无法接受的想象场面，从而达到厌恶刺激强化的目的。例如，要戒除酗酒的不良行为，可以在酗酒者个人生活习惯中最喜欢喝酒的时刻进行，使用催吐吗啡或电击等惩罚性刺激，造成对酒的厌恶反应，从而阻止并消除原来酗酒的不良行为。

3. 行为塑造法

行为塑造法是根据斯金纳的操作条件反射原理设计出来的，目的在于通过强化（即奖励）而塑造某种期望出现的良好行为的一项行为治疗技术。一般采用逐步晋级的作业，并在完成作业时按情况给予奖励（即强化），以促使增加出现期望获得的良好行为的次数。有人认为最有效的强化因子（即奖励方法）之一是行为记录表，即要求患者把自己每小时所取得的进展正确记录下来，并画成图表。这样做本身就是对行为改善的一种强大推动力。根据图表所示的进展，治疗师还可应用其他强化因子，当作业成绩超过一定的指标时即给予表扬或奖励。此外，还可采用让患者得到喜爱的食物或娱乐等办法，来塑造新的行为，以取代旧的、异常的行为。为了使治疗效果得以保持和巩固，在应用这一治疗方法时，需要特别注意如何帮助患者把在特定治疗情境中学会的行为转换到日常生活现实环境中来。此法的适用范围包括孤独症儿童说话，改善或消除恐怖症、神经性厌食症、肥胖症及其他神经症的行为；也可以用来改善或促进精神分裂症患者的社交和工作的行为；在社会教育中，可用于对低能者的训练以及用于治疗某些性功能障碍等。

4. 代币制疗法

代币制疗法是在斯金纳的操作条件反射理论，特别是条件强化原理的基础上形成并完善起来的一种行为疗法。它通过某种奖励系统，在患者做出预期的良好行为时，马上就给予奖励，从而使患者所表现的良好行为得以形成和巩固，同时使其不良行为得以消退。

代币作为阳性强化物，可以用不同的形式表示，如用记分卡、筹码和证券等象征性的方式。代币应该具有现实生活中“钱币”那样的功能，即可换取多种多样的奖品或患者所感兴趣的活动，从而获得价值。用代币作为强化物的优点在于不受时间和空间的限制，使用起来极为便利，还可进行连续的强化；只要患者出现预期的行为，马上就能实现强化；用代币去换取不同的实物，从而可满足患者的某种偏好，可避免对实物本身作为强化物的那种满足感，而不至于降低追求强化（奖励）的动机，并且在患者出现不良行为时还可扣回代币，使阳性强化和阴性强化同时起作用而产生双重强化的效果。

代币制疗法不仅可用于个体，而且可在集体行为矫治中实施。可以在医院，也可以在学校中广泛使用，甚至可在精神病院、特殊教育班级以及工读学校、管教所和监狱中使用。临床实践表明，代币制疗法在多动症儿童、药瘾者、酒癖者等的矫治和在衰退的精神障碍患者的康复中都能产生良好的效果。

5. 暴露疗法

暴露疗法是一种主要用于治疗恐怖症的行为治疗技术。其治疗原则是让患者较长时间地想象恐怖的观念或置身于严重恐怖的环境，从而达到消退恐惧的目的。此法与系统脱敏疗法有某些共同之处，如都需要让患者接触恐怖的对象（事物或情境）。但它们之间又有不同之处：①在暴露疗法实施过程中，恐怖情境出现时无须采用松弛或其他对抗恐怖的措施。②暴露疗法需让患者暴露于恐怖情境的时间较长，如治疗严重的广场恐怖并伴有严重焦虑的患者，每次治疗时间约需 2 个小时或更长。③系统脱敏法一般仅能对较轻的恐怖症有效；而暴露疗法则常用于治疗严重的患者。④暴露疗法不仅可用于个别治疗，还可用于集体治疗。如可对 5～6 名广场恐怖症患者同时进行治疗，即同时暴露于恐怖情境，疗效与个别应用时相同。

6. 松弛反应训练

松弛反应训练是一种通过自我调整训练，由身体放松进而导致整个身心放松，以对抗由于心理应激而引起交感神经兴奋的紧张反应，从而达到消除紧张和强身祛病目的的行为训练技术。一般使用较多的是雅可布松所首创的渐进性松弛法。此法可使患者学会交替收缩或放松自己的骨骼肌群，同时能体验到自身肌肉的紧张和松弛的程度以及有意识地去感受四肢和躯体的松紧、轻重和冷暖的程度，从而取得松静的效果。我国的气功、印度的瑜伽和日本的坐禅等都能起到类似的作用。一般认为，不论何种松弛反应训练技术，只要产生松弛反应都必须包含四种成分：①安静的环境；②被动、舒适的姿势；③心情平静，肌肉放松；④精神内守（一般通过重复默念一种声音、一个词或一个短句来实现）。

三、格式塔疗法

格式塔疗法（Gestalt therapy），由美国精神病学专家弗雷里克·S. 皮尔斯博士创立的，又称为格式塔疗法，是自己对自己疾病的觉察、体会和醒悟，是一种修身养性的自我治疗方法。格式塔疗法采用许多具体技术，如对话演习、双椅技术、责任心训练、梦的分析等。这些技术都用以强化患者的直接经验，即“此时此地”经验，促进情感释放，面对冲突和矛盾，提高患者的意识性，使他们了解自己所运用的心理防御机制。心理咨询中的格式塔疗法由皮尔斯创立于20世纪60年代。格式塔疗法的要点：①人都有能力处理好自己的事情，心理咨询的中心任务是帮助患者充分认识到自我在现实中的存在和感受。由此，心理咨询不求为患者的困难做解释与指导，而是鼓励患者主动承担责任，主持自我的治疗与改善。②人应该将精神集中在现实的生活与感受当中，而不要对过去的事情念念不忘。人的许多焦虑都产生于不能正确对待以往生活向当前生活的过渡，以逃避现实的做法来处理个人生活中的种种挑战和压力。这严重阻碍了一个人的健康成长。③使人积极面对现实、健康成长的一种重要手段，就是帮助他完成内心中的那些未完成情结。这通常指个人因以往生活中的某些心灵创伤和刺激经历所留下的不良情绪体验（如懊恼、悔恨、内疚、愤怒等）。④在咨询手法上，格式塔疗法强调帮助患者由环境支持转向自我支持，以使患者从一开始就不依赖他人，尽量挖掘个人的潜能。

1. 对话疗法

对话疗法可用于整合个体的功能并帮助个体接纳自己曾经拒绝或否认的人格组成部分。格式塔疗法的治疗师特别关注个体人格机能的分裂情况——

格式塔疗法谓之在个体人格分裂中出现“支配者”和“受迫害者”，治疗师要关注这两者之间的关系，并能够将之整合起来。这种分裂就其本质而言，是患者外化的思想、道德等（超我部分）与内在的自我人格之间争夺控制权的斗争。

2. 空椅子技术

空椅子技术是使患者的内射外显的方式之一。此技术运用两张椅子，要求患者坐在其中一张上，扮演一个胜利者，然后再换坐到另一张椅子上扮演失败者，让患者所扮演的两方持续对话。这项技术本质上就是一种角色扮演行为，让患者去扮演所有的部分。通过这种方法，可使内射表面化，使患者充分地体验冲突，由于患者角色扮演中能接纳和整合胜利者与失败者，因此冲突可得到解决。其目的在于使人们内在的对立与冲突获得较高层次的整合，即学习去接纳这种对立的存在并使之并存，而不是要去消除一个人的某些人格特质。

3. 绕圈子

此项完形治疗技术包括要求团体中的某位成员走到每位成员面前与之交谈，或者和这位成员一起做些什么。其目的在于帮助个体去面质、冒险、表达自我、尝试新的行为，进而获得成长和改变。例如，某位成员可能说道：“我已经在这里坐了好久，心想参与，但又不敢，因为对这里的人无法信赖，而且我认为不值得因我而占用团体的时间。”这时治疗师或可答道：“你是否愿意现在就做一点事，以使自己更为投入，并去获得自信和别人的信任呢？”如果他回答得很肯定，那么治疗者就可建议：“现在，到处去转一圈，然后到每个人的面前说：‘我不信任你，因为……’”像这样，凡是能帮助个体投入，并采取某些动作以消除恐惧的点子我们都可以加以创新发明。

4. 我负责疗法

治疗师也许会要求患者在每个陈述之后加上“而且我会为它负责”。例如，“我觉得无聊，但我会为我的无聊负责”“我现在不知道说些什么才好，但我会为我的不知道负责”“我觉得受到排斥及孤独，但我会为此种受排斥感负责”。此种技术的进行可有效拓展个人的感觉领域，同时帮助个人接纳和认识自身的情感，以代替把自己的情感投身到他人身上。

5. 投射

投射指一个人在别人身上所看到的事物，这些事物其实正是自己所具有的却不愿看见也不愿接纳的。一个人往往会花费很多精神去否定自己的情感，以及把某些动机转嫁到别人身上。因此，在团体里，当某人在说别人的时候，这常常是他自己本身属性的投射。在投射的历程中，治疗师会要求说“我无法信任你”这句话的患者去扮演一个不值得信任的角色，或变成别人，以便能够发现不信任原来是一种内在的冲突。换言之，治疗师是在要求此患者去试着体验他在团体中对别人所叙述的情况。

6. 倒转技术

患者的某些症状和言行，常是其潜在行动的倒转表现。针对此种情况，治疗师可要求这类因过分胆怯而痛苦的患者，试着在团体中扮演一个爱表现的人。

倒转技术的进行方式是，要求患者潜入每件会为他带来焦虑的事件中，去与他自己已经埋没和否认的部分接触，借此帮助患者开始去接纳从前被否定的某些个人属性。

7. 预演练习

借助团体成员相互帮助的治疗方式，并彼此分享预演的情境，可使患者更能察觉出他们内心预演各种社会角色的情况，同时也使得他们更能察觉他人对自己的期望并设法去达成。另外，也使得他们更能察觉到自己希望被他人赞美、接纳和喜欢的程度与范围。

8. 夸张疗法

夸张疗法使患者更能敏锐地察觉到自己身体语言所传递的微弱讯号或线索。虽然动作和姿势都能够传递信息，但所表达的也许并不很完全。若能要求患者重复地夸张其动作或手势，将可使之与相关情感强烈化，进而使其内在隐藏的意义更清楚地表现出来。

有一些行为适合运用此项夸张技术，如要表达痛苦或愤怒情感，做抖动、弯腰缩肩、握拳、皱眉、苦瓜脸、双手盘胸等动作时，却面带与痛苦或愤怒情感不一致的微笑。以抖动为例，如果患者告诉治疗师他的腿在抖动，治疗师此时可要求患者站起来，更夸张地抖动双腿，然后为此动作作说明。夸张疗法也可应用在语言行为中。如治疗师可教患者重复说出他想掩饰的话，且愈重复愈大声，使当事人开始倾听自己真正的心声。

9. 感觉留置

患者在面对情感困扰或情绪不愉快而想逃避时，治疗师即要求患者保持着这样的感觉。绝大多数患者都想逃避恐惧或不愉快的感觉，但治疗师会要求他们停留在体验到的恐惧或不愉快中，从旁鼓励他们趁机深入探讨这些想要逃避的感觉。要去面对、体验这些感觉，这不仅需要勇气，同时也要愿意忍受去除障碍时可能遭遇的痛苦，但经历这些，却能使患者有崭新的成长。

四、艺术治疗

艺术治疗又称艺术疗法，是心理治疗的一种。一般心理治疗多以语言为沟通、治疗的主要媒介，而艺术治疗特色最为鲜明，主要是以提供艺术素材、活动经验等作为治疗的方式。

1. 音乐治疗

音乐是一种适合用于心理咨询和心理治疗的工具之一。科学家认为，优美悦耳的音乐能促使人体分泌一种有利于身体健康的活性物质，可以改善人们的情绪，激发人们的感情，振奋人们的精神。因此，从某种意义上来说，音乐治疗优于其他心理治疗方法。

2. 绘画治疗

绘画疗法是心理艺术治疗的方法之一，是让患者通过绘画这一创作过程，利用非语言工具，将潜意识内压抑的感情与冲突呈现出来，并且在绘画的过程中获得疏解与满足，从而达到诊断与治疗的良好效果。无论成年人还是儿童，都可在方寸之间完整呈现，又可以在“欣赏自己”的过程中满足心理需求。治疗师可以通过绘画解读患者的心灵密码，透析深度困扰患者的症结。作为心理诊疗的一种方法，其功效是巨大和独特的。

3. 心理剧疗法

心理剧疗法是通过特殊的戏剧形式，让患者扮演某种角色，以某种心理冲突情景下的自发表演为主，将心理冲突和情绪问题逐渐呈现在舞台上，以宣泄情绪、消除内心压力和自卑感，增强患者适应环境和克服危机的能力。心理剧能帮助患者，通过音乐、绘画、游戏等活动，在演出中体验或重新体验自己的思想、情绪、梦境及人际关系。伴随剧情的发展，在安全的氛围中，探索、释放、觉察和分享内在自我。这是一种可以让患者练习怎么开展人生，但不会因为犯错而被惩罚的方法。

五、园艺疗法

园艺疗法是指利用园艺活动来作为治疗患者的一种手段。研究和临床实践发现，园艺疗法能够减缓心跳速度，改善情绪，减轻疼痛，对患者康复具有很大的帮助。通过实际接触和运用园艺材料，维护美化植物或盆栽和庭院，患者可以因接触自然环境而纾解压力与复健心灵。目前园艺疗法运用在一般疗养和复健医学方面，例如精神病院、教养机构、老人和儿童中心、勒戒中心、医疗院所或社区。从具体操作方法，又分为植物疗法、芳香疗法、花卉疗法、药草疗法等。

六、催眠疗法

催眠疗法是指用催眠的方法使患者的意识范围变得极度狭窄，借助暗示性语言，以消除病理心理和躯体障碍的一种心理治疗方法。通过催眠方法，诱导患者进入一种特殊的意识状态，将治疗师的言语或动作整合入患者的思维和情感，从而产生治疗效果。催眠可以很好地推动患者潜在能力的发挥，治疗患者的心理疾病，如强迫症、抑郁症、不良习惯、情绪问题等。

七、情胜疗法

情胜疗法是以情胜情疗法的简称，是用一种正常的情绪活动来调整另一种不正常的情绪活动。情胜疗法的理论是根据中医脏象学说的五行生克理论。人有七情，分属五脏，五脏及情志之间存在着五行相制。不良的情志活动会导致人体阴阳偏盛偏衰，使心理活动失去平衡，从而引起疾病的发生。而正确运用情志之偏，补偏救弊，则可以纠正阴阳气血之偏，使肌体恢复平衡协调。常见的有激怒疗法、喜乐疗法、哀伤疗法、惊恐疗法、思虑疗法。

第二章

职务犯心理探因

第一节　扭曲的欲望滋生非法的需求

阅读材料 2－1

从1993年至2004年，郝某在任某市有线电视台台长和××日报社社长期间，利用职权，采取设立账外账、虚开发票、截留工程款、抵顶广告费等手段，多次侵吞单位公款共154.8万元；还通过对外承包工程、为部属提职晋级等手段索取他人财物54万元。郝某因贪污罪、受贿罪被判有期徒刑20年。

以下是郝某在服刑改造中对自己犯罪行为的忏悔：

痛定思痛，我走到今天都是欲望在作怪。总结自己的人生历程，可谓是欲望变化的"四部曲"——功名欲望使我奋斗成材，权力欲望使我步入辉煌，物质欲望使我意乱神迷，奢侈欲望使我坠入犯罪深渊。

我出身于一个普通的工人家庭。记得上初中到学校报到那一天，我连一双像样的鞋都没有，是穿着姐姐的女式布鞋上的学，结果被很多同学讥笑、挖苦。从那时起，我就立誓一定要出人头地。1968年当兵入伍后没几天，我就被调到团政治处新闻报道组。从此，我开始拼命地写稿，拼命地读书，5年时间发表了300多篇新闻报道。但因为家庭历史问题，我复员回到了地方。在人生的路口几乎败下阵来，我有些沮丧。可是，一想起上中学时同学嘲笑我的那种目光，我又有了一股不服输的劲头。利用休息时间，我开始写稿，在报刊上发表文章。不久，我从工厂被调到市总工会。在总工会的8年时间里，我转了干，提了副科级，完成了函授本科学业，还发表了电视剧，出了书，完成了人生路上建功立业的原始积累。

现在回想起来，人不能没有欲望，在人生初始阶段，欲望有时是一面旗帜，是一只号角，正常的欲望催人发奋，励志磨胆，让人为实现愿景而不懈拼搏。面对赞扬声、褒奖声、羡慕声，寻求一个更高的平台逐渐成了我的一个追求。这时枯燥的工会工作已不能满足我的需求，经过权衡利弊，我选择了自己的专长，并被调到市电视台。在电视台那几年，我如鱼得水，游刃有余，当时，每一天我都被笑脸包围着，权力的魔杖支撑和推动着我的人生梦想和人生价值的最大实现。然而，在事业的进程中，在每个具体项目的推进和打磨中，一些权力寻租，一些潜规则游戏，一些不公平竞争逐渐在我的头脑中形成印象，进而清晰。我渐渐地感到我们的头顶并不全是阳光，有时有阴云，有时有雷电，甚至有时十分灰暗和混浊。焦虑伴随着迷惑，愤感伴随着不平衡。这时，权力的应用和把握便到了一个十字路口。

物质欲望是一剂毒药，担任报业集团董事长和××日报社社长、党委书记后，“一把手”的高度集权使我找到了出人头地的感觉。虽然我也曾经警示过自己，要走好为官之道、把住为人之本。然而，面对物欲横流的纷繁社会，自己终究没有把握住物质欲望的防线。物质欲望的泛滥，使我越来越不能自拔。现在回想起这些往事，我深深地感到“物欲”是一个陷阱，它使你跌入之后难以自拔；“物欲”是一剂毒药，会置人于死地。“物欲”的膨胀，会使人迷失自我，迷失本性，最终走上不归路。人一旦被物质欲望俘虏，接踵而来的便是奢侈欲的极度膨胀和对奢侈品的盲目追求。眼看着他人财产的富有，接触着奢华的生活空间，聆听着金钱至上的噪音，目睹着潜规则游戏的盛行，我的心理越来越不平衡，观念也越来越偏颇。

案例中郝某详细地回顾了自己从早期的发愤图强到后期的欲望膨胀，最后沦为阶下囚的全部过程。值得我们注意的是郝某对于欲望和需求异变的心理过程。这也是许多职务犯在回顾、反思自己一步步走上犯罪道路时出现频率最高的两个词。

需求和欲望是人类在自然和社会环境中获取生存与发展资源的要求。人生活在社会之中，要维持和发展自己的生命，需要以一定的客观条件作为保障，没有这些条件，人就无法生存，也不能延续和发展。除了饮食、睡眠、生育繁衍等基本生理需求，作为社会性动物，人还有人际交往以及在这种交往中获得关爱、尊重、认同、归属的心理要求。人之所以有需求与欲望，是人自身内部存在的不平衡的状态外化为对外部自然和社会环境的欲求。

心理学上将这种人对于外界的要求概括为“需要”这一概念。对于需要，按照不同的标准，可以分为不同的种类，有生理的需要，有社会交往的需要；有物质的需要，也有精神的需要。对于需要，比较重要的理论有美国人本主义理论学家马斯洛的需求层次理论和阿尔德弗尔的 ERG 理论。

马斯洛的需要层次理论指出，人的需要可以分为五个层次：生理需要、安全需要、社交需要、尊重需要和自我实现需要，而且这五个层次是由低到高逐渐形成并一次得到满足的。只有低层次的需要得到满足了，较高层次的需要才会出现。需要驱使人们去寻求条件创造机会来实现满足，需要是人行动的动力。

而阿尔德弗尔于1969年提出一种与马斯洛需要层次理论密切相关但不同的理论。阿尔德弗尔把人的需要分为三类：①生存需要（E）。这类需要关系到机体的存在或生存，包括衣、食、住以及工作组织为使其得到这些因素而提供的手段。这实际上相当于马斯洛理论中的生理需要和安全需要。②关系需要（R）。这是指发展人际关系的需要。这种需要通过工作中的或工作以外与其他人的接触和交往得到满足。这相当于马斯洛理论中的感情上的需要和一部分尊重需要。③成长需要（G）。这是个人自我发展和自我完善的需要。这种需要通过发展个人的潜力和才能，才能得到满足。这相当于马斯洛理论中的自我实现需要和尊重需要。ERG理论有如下特点：①ERG理论并不强调需要层次的顺序，认为某种需要在一定时间内对行为起作用，而当这种需要得到满足后，人们可能去追求更高层次的需要，也可能没有这种上升趋势。②ERG理论认为，当较高级需要受到挫折时，人们可能会降而求其次。③ERG理论还认为，某种需要在得到基本满足后，其强烈程度不一定减弱，还可能会增强，这就与马斯洛的观点不一致了。

在对现实案例进行汇总的基础上，以心理学上需要与动机的理论来分析职务犯的犯罪原因，我们不难发现，这些职务犯的人生经历过程中，需要和欲望的变化是他们的行为从符合社会基本规则、符合社会角色的基本要求逐步转变、蜕化的重要原因。案例中郝××的自述，充分反映了这一点。郝某幼年时家境贫寒，基本生存条件比较匮乏，因此在他成长的历程中，对于物质需要的动机非常强烈，这种动机在一定时期内成为他奋斗、上进的积极动力。但是，物质需要得到满足之后，这种需求动机发生了变异，并没有从低层次的需要向更高层次的精神需求转变，升华为对社会尊重和自我实现的需要，反而停留在了物质享受强化的层面上，为获得更多的物质满足而走向贪婪。

停留在较低层次的需求上没有实现升华的现象值得我们关注与研究，找到职务犯这一心理现象背后的原因，对于我们的矫治和教育工作的开展会更为有利。

第二节　膨胀的权力催化极端的自我

阅读材料 2－2

2008 年 3 月至 2014 年初，孙某利用职务便利，收受他人款物折合人民币 295 余万元，为他人谋取利益。孙某因受贿罪被判刑。

以下是孙某的自述：

回首这几年的工作、生活，我结交了一些生活上奢靡的所谓“朋友”，被“有权不用过期作废”等腐朽思想所俘虏，贪欲逐渐挤满了自己的内心世界，不知不觉中在违法的道路上越走越远。我担任县经济开发区管委会主任期间，一方面不顾财政状况和实际需求，大拆大建，过度举债兴建豪华办公楼等设施；另一方面利用职务之便，为参建企业谋利，收取巨额贿赂。对我来说，大搞工程建设是“一举两得”，不仅为自己的政绩加分，还能成为谋取私利的“摇钱树”。

我无数次隔着铁窗望着外面的天空，回想起自己曾经在各个岗位为党的事业与干部职工共同奋斗的岁月，为自己从此永远地失去这个资格潸然泪下、痛心疾首！在夜深人静的监房，我夜夜都会想到年近九旬、因病卧床的母亲，智障的大哥和刚刚步入社会的女儿。每天夜里，魂牵梦绕我的是母亲摇着空了的药瓶要我去给她买药的叮嘱；梦见大哥拽着我的衣角，让我陪他出去逛逛的身影；梦到与女儿在一起读书看电视的情形……每一天我都在与亲人的相见中惊醒，以失魂落魄的惊悸、悔恨交加的泪水，迎接一轮又一轮升起的朝阳。当看到女儿在在押人员入账单上的签名时，我万万没有想到，女儿的第一笔工资竟是给她父亲在牢狱里使用。每当想到亲人们因我犯罪而在他人面前抬不起头的窘境时，撕心裂肺的痛楚就压得我喘不过气来。

今天的我，虽然明白了忙忙碌碌的工作最让人向往、清清白白的为人是给亲人们最好的礼物、粗茶淡饭的日子最使人惬意的道理，但这一切都悔之晚矣！我真诚地盼望所有的公务人员以我这个反面典型为鉴，走好人生每一步，享受美好生活的每一天！

受贿罪是职务犯罪中最为典型的类型。职务犯作为典型的身份犯，在入狱前一般都是具有一定职务的领导干部。据某监狱统计，截至 2015 年 2 月 9 日，该监狱共有在押职务犯 284 人，被捕前的行政级别情况分别为：厅级 5 人，处级（县处级）56 名，处级以下 223 名，且入狱前多具有专业技术职务，如工程师、教授、主任医师、经济师等。作为公职人员，他们在一定的行政岗位上掌握公共权力，但是他们却将工作岗位上人民赋予的权力作为自己敛财的工具。

在职务犯的犯罪反思回顾中，可以看出他们扭曲的权力观逐渐催生出膨胀的自我认识。在职务犯中较为普遍地存在着这样的心态：“我通过个人多年的努力，获得了地位和权力，这是我个人能力的体现，是我自己奋斗的结果。”职务犯的权力观存在着明显的认知偏差。认知的偏差形成了职务犯罪心理的主体结构，决定了犯罪行为的性质和方向。产生这种偏差的原因，可以归纳为以下几点：

第一，个人潜意识的影响。在部分职务犯的陈述中呈现出童年经历较为坎坷，经历了物质匮乏和生活艰苦的严峻考验，因此在成长的过程中形成了隐忍、坚持和渴望成功的心理特征。童年压抑的欲望，包括物质欲求和精神欲求，在成年之后，尤其是掌握一定的权力或者资源之后开始得到释放，而且这种释放往往带有一种“自我补偿”的合理化意识。有职务犯在陈述中表示，“自己小时候受了很多苦，奋斗了很多年才拼搏到当时的位置上，我当时觉得自己为党和国家工作了这么多年，获得一些回报应该也是无可厚非的，而且自己清贫了这么多年，让自己过得舒适一点也算是对得起自己”。这种“合理化”的心理活动成为职务犯犯罪行为的重要诱因，使得其在错误的自我认知的道路上越走越远。

第二，心理冲突的内外作用。许多职务犯在忏悔时会将犯罪原因归于外部，认为是外部社会环境的影响，如社会风气、周围人的拉拢、行贿人或者共犯的引诱等等，这是职务犯典型的外归因的心理。但是，从犯罪心理的角度来看，犯罪心理结构的形成，是犯罪者的人格倾向经过主体的内外刺激的双重激活，以及其内外刺激的双向选择。犯罪者的人格倾向是在长期的社会活动中形成的潜在的由认知、情绪和意识构成的心理结构，是相对稳定的存在。比如前面提到的压抑的物质欲望和精神欲望都构成了其人格倾向的底色，而这种心理结构在平时是蛰伏的或者受到抑制的，但是在遇到适当的外部环境的刺激之后就会被激活。其原来如同人身体内的良性肿瘤，在身体机能比较健全的时候，良性肿瘤可能与寄主共生一直到其衰亡都不会恶变，但如果身体机能下降、内部抵抗力下降，又遇到外部的负向刺激时，这种恶性增生机制就会在内外部环境的互相作用下被激活，进而成为致命的威胁。

因此，对于职务犯的心理矫治，难点和重点就是解决职务犯在罪行认识上的“归因”问题，也就是解决职务犯经常会纠结的“凭什么我要落到这个地步”。在职务犯矫治改造实践中，帮助职务犯解决了心理归因的问题，也就打开了他们最大的“心结”。在归因问题上，许多职务犯认为自己的行为并不算什么，所以存在委屈的情绪，认为自己被判罚过重或者运气不好才被判罚。这种心理防御反应往往成为其安心改造的阻碍。管教人员和心理矫治人员在矫治过程中要引导其对自己的行为和行为结果的合理认知。

第三节　异化的认知导致角色的错乱

阅读材料 2-3

1999 年至 2009 年，李某利用职务之便，在工程建设、贷款拨付、职务任免等方面为他人谋利，收受 14 人所送贿赂款物折合人民币 116 余万元、美金 2 万元、港币 1 万元；采取虚假支付利息款等方式，非法占有公款人民币 40 万元。李某因受贿罪、贪污罪被判刑 14 年。

以下是李某的自述：

我错误地以为，“顺手牵羊不为盗”“常在河边走，‘小打小闹’不湿鞋”“朋友情不能疏”，认为请客送礼是社会上普遍的风气，红包礼金是一种“潜规则”。错误思想一旦形成，警钟就再难以长鸣。我不惜违背财经纪律套用公款，去迎合那些不良社会风气。我错误地认为自己没有违背原则为朋友做事，并且没有向他们索要财物，是他们自己主动送来的礼金，这是朋友之间的交情，我收下没有什么问题。我没有意识到这也属于不义之财，应当要拒绝。到省联社工作后，我虽然有所收敛，但是身边人及亲信送来的钱财我还是将它们纳入了囊中。

在职务犯的犯罪诱因中，家庭关系是一个非常值得关注的因素。有些职务犯的犯罪行为并非是主动、积极地为了满足个人的需求与欲望，而是主动或被动地为了家庭成员或特定关系人的利益而实施犯罪。上述案例中李某的情况，在现实中也屡见不鲜。某省科技厅原厅长李某“因涉嫌受贿现金和股份合计价值超 4 000 万元……其一共被指控犯有 10 宗受贿事实，现金与股份几乎各占一半，更用这笔钱给儿子还赌债。李某对行贿者有求必应，自 2007 年至事发为止，其向这些企业拨付超过 2.7 亿元的专项资金”。某市公安局原局长叶某在供述中表示，自己希望将来能够给儿子 2 000 万、给女儿女婿 2 000 万、给自己 2 000 万安度晚年。从上述职务犯的案例来看，家庭关系与职务犯罪行为之间存在着直接或间接的联系。有的家庭关系成为犯罪的直接诱因，有的家庭成员成为职务犯的辅助，有的家庭成员为职务犯的犯罪行为提供庇护等。在一些职务犯的自述中，表现出由于家庭关系的影响而逐步走上犯罪道路的心理历程。因此，从家庭关系的角度考察职务犯的犯罪原因，对于职务犯的教育改造，也不失为一种思路。

第一，原生家庭的影响。美国最具影响力的首席家庭治疗大师萨提亚关于原生家庭的理论为我们研究职务犯的心理成长历程提供了启发。根据萨提亚的理论，一个人和他的原生家庭有着千丝万缕的联系，这种联系有可能影响他的一生。一个人和他的经历有着难以割断的联系，人的不快乐的根源可能是因为儿时的期待未被满足。在与职务犯的访谈中，我们发现，有一部分职务犯的童年经历，表现为在原生家庭中缺乏关爱与社会支持。萨提亚继承弗洛伊德的理论，提出“个人冰山理论”，描述了外在行为和内在情绪的关系；人们能够被外界所看到的行为，仅仅是像浮在水面上的冰山一角，而潜藏在水面之下的更大的冰山山体，就是长期被我们压抑的内在的情绪。而这座漂浮在水面上的冰山，从上到下可以划分为七个层次，即行为、应对方式、感受、观点、期待、渴望和自己。在职务犯的心理矫治过程中，可以参考该理论，从家庭治疗的视角切入。

第二，夫妻关系的影响。在社会学研究中，家庭是一个经济单位，也是一个社会组成单位。在心理学中，以家庭作为心理研究和治疗的对象，也是一个重要的分支。在所有的家庭关系中，对于有配偶的成年人来讲，夫妻关系是排在首位的。夫妻关系的特殊之处在于，这种关系在具有亲密性的同时兼有社会交往属性。在职务犯的家庭关系调查中，职务犯在关于犯罪行为和犯罪原因的描述中，部分会提到配偶对自己的压力或影响，有的是来自配偶为自身或其他家庭成员对于物质、权力的索取，有的来自配偶对于自身职务、职业等的不满意。也有职务犯提及当时的犯罪动机是出于对配偶的补偿心理。我们不能忽略这种亲密关系对于职务犯犯罪心理成因的影响。因此，在职务犯心理矫治的过程中，对于夫妻关系予以关注，并借助家庭治疗的方式开展矫治工作，也是值得探索的途径。

第三，亲子关系的影响。亲子关系作为家庭关系的次系统，对于家庭关系的影响也至关重要。犯罪原因的陈述中，不乏职务犯为了子女而走上犯罪道路的情况。病态的家庭结构关系，尤其是亲子关系某些时候塑造了犯罪心理结构。病态家庭关系的类型有纠缠与疏离、联合对抗、三角缠、倒三角等，联合对抗和倒三角的家庭关系往往成为职务犯心理结构形成的刺激因素，前面提到的某省科技厅原厅长李某的案例就是倒三角病态家庭结构导致犯罪的典型案例。对于此类职务犯的心理矫治，可以从亲子关系的调整入手进行辅导与治疗。

第四节 薄弱的意志难敌钱色的诱惑

阅读材料 2-4

1999 年 7 月，姜某利用职务便利挪用公款 50 万元人民币；1999 年 4 月至 2000 年 5 月，姜某利用职务便利共计侵吞公款 130 余万元；2000 年 4 月，姜某委托他人伪造户口本；2004 年 5 月，姜某持假身份证、假户口本，在原婚姻关系存续期间，又与杨某登记结婚并育有一子。姜某因挪用公款罪、贪污罪、伪造国家机关证件罪、重婚罪被判刑。

以下是姜某的自述：

我 1970 年出生于北方的一个城市，1986 年到北京上学，1988 年职业高中会计专业毕业后被分配到某金属材料分公司担任会计。因为业务能力较强，工作时间不长，领导就任命我为公司财务处资金管理科科长，1996 年又任命我为财务部副经理。1999 年 10 月，我辞职离开公司。后在北京公司做财务总监。2000 年 3 月，我携款潜逃。

由于业务能力较强，我听不进其他人关于工作上的建议。1999 年初，由于年轻气盛，我和公司领导发生了一些矛盾，最终被迫辞职，于是我一下子闲了下来。恰巧，当时有一个公司招财务总监，我就去做了兼职，这成为我人生转变的一个关节点。

生活中我结交了很多朋友，爱慕虚荣、相互攀比的心理改变了我，让我走上了歧途。社交活动多了，我每个月的工资就明显不够花了。一些朋友对我说靠工资生活根本不行，因此，我就想着多打几份工。那段时间，我帮银行跑过贷款、换过外汇。

2000 年以后，随着一些电子产品的出现、消费的提升，我的工资开始入不敷出，以至于当有朋友提出向我借钱并给我 6% 至 8% 的利息时，我没有经受住诱惑，迈出了错误的第一步。我把公司交给我管理的资金借给了朋友，想从中赚点利息。当时想的是，只要几个月时间，朋友把钱还上就能把账平了，公司不会发现。

后来，我认识了一位在公司打工的在校女大学生。与之交往一段时间后，我便把个人积蓄都花光了。这期间，我的妻子曾发现蛛丝马迹，但都被我以工作为由搪塞了过去。我认为，有钱才体面，享乐主义思想使我越陷越深。我的开销越来越大，工资不够花了，我就提取公司的钱用，有朋友向我借钱，我就把公司的钱借给人家，导致欠公司的钱越来越多，窟窿越来越大。2000 年 3 月后，我陆续从公司的账户提取了 20 多万元，用于请客、旅游、购物。爱慕虚荣的我开始穿名牌、带朋友旅游、高调招待朋友，花钱如流水。我根本就没有想过钱是否能还上，自己的行为是否违法。

我没有想到的是，有的朋友借款到期后不还。我很害怕公司追究我的责任，就想到用公款炒股，想赚了钱把窟窿堵上。我挪用了公司 150 万元去炒股，没想到不但没赚到钱，反而亏了 20 多万元。我一看窟窿越来越大，就想到了逃跑。有了这个想法后，我从公司账户里拿了 70 多万元现金之后潜逃了，没想到一跑就是 13 年。

职务犯在犯罪的过程中，萌发对物质和权力过度追求的欲望往往始于攀比所带来的心理失衡和价值观扭曲。在职务犯服刑期间的矫治和教育实践中可以发现，在服刑期间部分职务犯仍然存在攀比的心理，如攀比前来探望自己的朋友的多少、管制条件下生活条件的好坏、所分配工作的好坏等。攀比心理可以作为研究职务犯罪心理和职务犯心理矫治教育的一个切入点。

攀比心理的产生是个体将自身的情况与被选的参照个体的情况进行比较，在比较的过程中放大了自己被尊重的心理需要。攀比在心理学上被界定为中性略偏阴性的心理特征，个体发现自身与参照个体发生偏差时会产生负面情绪。因为攀比而产生的过分的被尊重的需要会使得人们出现嫉妒、焦虑、自我评价降低、挫折感、自卑感等情况。在这种情绪的主导之下，两种效果得以产生，即正向攀比效果和负向攀比效果。一方面是个体希望达到与所选取的参照个体同样的水平，例如在上述案例中，姜某在与结交的朋友进行比较后发现，自己与朋友在物质生活水平方面存在差距，这一方面刺激姜某通过多种兼职来提升自己的收入，希望能够减少与参照目标之间的差距，另一方面使得他陷入对自己现状不满的负面情绪之中。对于攀比心理激发的需求动机，如果能够升华成提升自我认识、完善自我的积极心理，就可能产生正面的作用；但是，如果攀比心理激发的负向攀比情绪严重，或过度正向攀比在短期内无法达到从而产生二度影响的话，那么这种攀比心理就会成为攻陷意志防线的一记重击。

在职务犯的个人分析报告中，可以看到，部分职务犯首次产生价值观的动摇也往往是基于攀比心理，或者攀比心理带来的不公平感。这种攀比心理和次生心理的影响正是他们走上犯罪道路的重要动因。对服刑职务犯的攀比心理进行矫治和调试，有助于其服刑期间的心理健康。

第五节　侥幸的心态纵容贪婪的私欲

阅读材料 2－5

2001年至2003年，叶某先后15次收受本校成人教育部负责人方某以劳务费等名义送的钱物，其中人民币19万元、港币1万元、价值1 200元港币的手表一块、价值650元的玉石工艺品一个。叶某因受贿罪被判刑10年。

以下是叶某服刑期间对自己罪行的忏悔：

我曾是一名有着多年党龄、副教授职称、正厅级职务的老党员，万万没有想到，因为放松了对自己的约束，被金钱物欲所支配。就在离任前，面对下属逢年过节赔着小心、赔着笑脸、热情满怀送来的红包和讲课费时，开始犹豫了……最终钱欲战胜了理智，落入了受贿犯罪的深渊，真是追悔莫及。

回想走上犯罪道路的原因，我没有经受住金钱的诱惑，党纪国法、道德良知渐渐被贪婪的欲望摧毁了。在送礼人指天发誓“绝对没有第三人知道”的奉劝声中，我收下了贿赂款……

自从收下第一笔2万元贿赂后，我一直忐忑不安，不知是福还是祸。但从那以后，每年的元旦、春节、五一、国庆等节日，我都有“外财”进账，多则2万元，少则1万元。2000年12月至2003年4月，我先后受贿14次，共收受了20余万元。

在两年多时间里，方某给我送了20余万元。案发后我才明白，他之所以舍得花血本，就是因为他明白，这些投资肯定会得到回报。我收了钱，就成为他谋财谋官的工具。

收受方某的财物后，我利用职务之便对方某负责的成人教育资金管理采取了放任、纵容的态度，还干预学校对成人教育部财务收支活动的统一监管，致使成人教育部资金自收自支、管理失控。

为回报方某，我还违反有关规定，同意将方某的妻子转为我校临时工，与在职人员享受同等待遇。为了日后财路不断，我还违反规定，提名推荐方某为党校后备干部人选。可以说，我在某种程度上成了方某的工具。

30多年清廉正统的美名，在短短两年四个月时间里丧失殆尽，教训实在沉痛。我在20世纪60年代末毕业于××师范大学，被分配到县里当了一名教师。自幼发奋读书的我很快在工作岗位上脱颖而出，后来被调到县委党校。从此，我春风得意，走上了仕途之路。

我做梦也没有想到，随着省委党校成人教育部资产自收自支、管理失控、违反有关规定等问题被群众举报，省纪检监察部门介入并查处，我收受贿赂的违法犯罪事实很快被揭露了出来。

我思来想去，我的犯罪根源就在于，自己在思想与灵魂深处对金钱“起心动念”，是自己把自己送进了监狱！

上述案例中叶某的心理变化，有两点值得我们关注研究：首次接受贿赂时的心理变化和面对诱惑时的“合理化”心理解释。

通过对多个职务犯的犯罪经历和犯罪心理变化过程进行梳理与归纳，我们可以发现，“第一次”行为给职务犯造成的心理影响非常大，而此时也是其犯罪心理结构最不稳定的时期，如果能加以及时的警醒制止、教育引导，就可能遏制其转向下一步侥幸甚至进行内在“合理化”的心理基础。许多职务犯在进行第一次行为时的心理是非常复杂的，以恐惧、焦虑、紧张等情绪为主。某市规划局原副局长梁某说：“当我收到第一笔大额贿赂时，心跳加剧，头脑中有瞬间的空白，内心特别紧张，既有着强烈的震撼，又有着加倍的恐惧。”某省人民医院原院长凌某说：“（第一次收钱）这是一个从害怕到痛苦、最后到淡然的心理过程。回家后，我不敢正视那笔钱，感觉那是一颗定时炸弹。我唯一的想法就是把钱还给他。我打过好几个电话给他约他见面，可他每次都以忙碌为由一次次地推托。6 万元不是一个小数目，我整夜整夜地睡不着觉。这事不能告诉妻子，更不敢告诉同事。我既紧张又矛盾。说实话，那种精神上的压力让我非常痛苦。也许是送钱的人有意回避我，也许是我潜意识里存在的私念，总之日子一天天过去，这笔钱始终没有还掉。时间一长，那种痛苦的感觉渐渐淡漠，直至遗忘。”在职务犯罪心理矫治的过程中，通过相关的咨询与辅导，让职务犯回顾“第一次”的心理过程，并引导其发现自己心理结构变化的原因，形成对自己犯罪行为的正确认知，对于职务犯在服刑期间的矫治和教育，以及职务犯罪的预防，具有重要的实践意义。

在第一次犯罪行为未得到及时的制止和反省时，职务犯的心理很快会演变到“合理化”的阶段。在缺乏外部制约和内部自我反省的时候，第一次犯罪行为就在心理上和行为上给了职务犯这一心理暗示：没有人发现（侥幸心理）、本就应该是我得到的（自我合理化）、再做应该也没事（行为强化）。这其中值得注意的是“合理化”的心理过程。合理化是心理防御机制的一种，是指当个体的动机未能实现或行为不能符合社会规范时，尽量搜集一些合乎自己内心需要的理由，给自己的行为一个合理的解释，掩饰自己的过失，以减免焦虑、痛苦和维护自尊免受伤害。换句话，“合理化”就是在内心制造“合理”的理由，对自己的行为进行解释或美化并遮掩自我的伤害。在心理矫治和教育中，梳理职务犯合理化心理过程，进行教育和治疗，对于其正确认知其犯罪行为，改正服刑期间的错误观念，具有重要意义。

第六节 混乱的价值观冲垮防御的底线

阅读材料 2-6

邢某因受贿罪被判刑12年。

以下是刑某的自述：

2011年6月，接到法院的判决书后，只有几页纸的判决书犹如一块巨石压在我的心头，自尊、自由、人格全都荡然无存。面对人生的巨大转变，面对冷冰冰的铁窗、戒备森严的高墙电网，我羞愧难当——昔日的厅级干部沦为囚犯，将在铁窗里苦度漫长12年刑期。

在极度的寂寞和孤独中，我度过了一个又一个不眠之夜，熬过了一天又一天枯燥无味的日子。切肤之痛的悔恨，让我想起辛勤劳作一生的父母，恩情难以报答，却深深地伤害了他们的心；想起同学、朋友的殷切希望，却让他们大失所望……想起这些，我真是生不如死。

15年前的1995年，年仅41岁的我升任省高速公路股份有限公司党委书记、董事长、总经理。就在当年下半年，我的眼睛便盯上了因工程质量问题停建的单位职工宿舍楼，我开始潜心筹划续建宿舍楼工程。我心里明白，搞工程是一件肥得流油的差事。也就是从那时起，我的价值观开始错位了。

反思自己落入犯罪泥潭，是在价值观扭曲的同时，思想上的自制防线全线崩溃导致的。自制防线一旦溃决，只要客观条件具备，在强烈的刺激和诱惑下，要想安分守己、不逾越道德底线，是难以做到的。

1995年下半年的一天，某房地产公司法定代表人蔡某找到我，开门见山地说要承揽我们单位职工宿舍楼续建工程，并说要给我好处费。我答应了。第二年上半年的一天上午，工程竣工之前，蔡某送给我30万元现金。这是我平生以来收受的第一笔巨额好处费。回到家里，我的脑子一片混乱。以前我也曾遇到过这种事，但当时的我尚能克制，从没有敢越雷池一步。可这30万元的巨大诱惑使我舍不得拒绝，这让我的自制防线彻底崩溃了。当时我认为，这是他们按惯例应该给的好处费，恐怕算不上受贿；再说了，这事天知地知他知我知。自我安慰了一番后，在自欺欺人的心理支配下我很快平静了下来。

之后不久，蔡某又承建了我们公司的办公楼建设工程及装修工程。他又分两次送给我130万元。

有了这三次靠工程收钱的经历，我凭权敛财的胆子越来越大。直到案发我才真正明白“一念之欲不能制，而祸流于滔天”的真实含义。

反思自己自制防线的溃决，罪魁祸首是掩耳盗铃、自欺欺人的侥幸心理。如今我明白了，一旦侥幸心理取得了主导地位，具备了支配力量，一个人就会掩耳盗铃，驱使自己离经叛道、违法犯罪。

说实话，我的人生经历不可谓不辉煌。53岁当上省盐务局局长、党委书记，算得上是一个有着36年党龄、正值壮年的领导干部，人生和事业正处在黄金时期。然而，我最终因价值观扭曲，自制防线崩溃，侥幸心理驱使，而走上了受贿犯罪道路。如今，我真是悔不当初，痛心疾首。可后悔已经没有用了，我唯有踏踏实实地积极改造，争取早日出狱，走向新生。

在职务犯的年龄统计特征上，呈现出整体年龄结构偏中老龄化的情况。某监狱2015年2月统计结果显示，该监狱在押284名职务犯中，40岁以上的占92.3%，其中60岁以上的52人，占18.3%，50～59岁的人129人，占45.4%，40～49岁的81人，占28.5%。从监狱服刑人员整体情况来看，职务犯年龄普遍较大。根据犯罪心理学的研究，从年龄阶段来讲，35岁以上具有一定教育背景的人群，职业、家庭相对稳定，具有一定的经济基础和社会地位。从犯罪类型上来看，暴力型犯罪比例开始降低，智力型犯罪的比例开始上升。从犯罪的条件上来看，职务犯作为身份犯，受教育的经历加上工作经历，一般在35岁后才能担任掌握一定公权力的工作岗位，因此，职务犯的年龄一般集中在40岁以上。

值得研究的是，在一个本该具有相对稳定价值观的年龄段，这些人却发生了价值观的偏移与混乱，最终走上犯罪的道路。有学者梳理归纳职务犯的特点提出“59岁现象”，表现在职务犯罪领域，指领导干部在即将离退休前，心理上认为“有权不用，过期作废”，于是贪污受贿等犯罪行为比较集中地发生在该年龄段。之所以会出现这种现象，主要是有以下三种心态在作祟：首先是扭曲的权力价值观，存在着在离退休之前将权力变现的心态；其次，自我定位不清晰，不甘于从实权岗位上离开后的现实，希望能在离退休前为退休后谋求更多的物质利益；再次，侥幸心理使然，认为离退休之后就会安全着陆，可以逃脱法律的惩罚。中国社会科学院法学研究所 2014 年发布的《法治蓝皮书》指出，尽管 2013 年我国完善和创新反腐败制度成效明显，但是根据 2013 年中纪委查处的案件情况，当前腐败案件呈现的一大特点和规律是“59 岁现象”依然显著。

根据发展心理学的观点，中年期的人格特点体现在，内省趋势明显，心理防御机制日趋成熟，社会交往方式日趋融洽。莱文森把人生的 40 ~ 60 岁划为中年期。他指出，这一时期经历中年转折期（40 ~ 45 岁）达到中年高峰期（55 ~ 60 岁）。在中年转折期，个体开始评价自己的生活，如果发现在自己的希望无法实现时，便会对工作、婚姻、信仰和理想进行修正，以获得自我与现实之间的平衡。由于重新选择，有时会使个体的生活结构产生变化，有些选择（如离婚、变换工作等）会对个人产生重大影响。莱文森非常强调中年转折期，因为在转折时期，人们会改变过去建立起来的价值观体系，重新建立新的系统。经历转折后，进入比较稳定的时期，这时期会建立自己的价值观、信念和个人优势。

针对职务犯的犯罪年龄特点，关注其所在群体的“中年危机”和职业心理倦怠等问题，可对职务犯罪预防工作的有效开展提供依据。同时，监狱在对职务犯进行改造教育的过程中，也要结合其年龄特点开展有针对性的教育形式，如矫正其自我认知和社会认知，针对其入狱后的适应障碍和情绪障碍进行有针对性的团体辅导或教育。

第七节　人格的面具难掩自欺的现实

阅读材料 2 - 7

2001 年至 2004 年，刘某在担任某县县长期间，共贪污、受贿 117 万元。其中，先后 4 次侵吞县财政目标管理奖金 45 万元，收受他人贿赂 72 万元。刘某因受贿罪被判刑 15 年。

以下是刘某的自述：

我出生在一个彝族农民家庭。1976 年我从市师范学校毕业后，参加了工作，成为一名人民教师。此后，我先后担任过县新华书店经理，教育局副局长，县委组织部副部长，县直机关工委书记，县委常委、组织部长。随后，职位得到一步步提升，先后任县长、市民委主任。

担任县长期间，我先后配合过三位县委书记，他们都被提拔了，可我却原地不动，没有被提拔使用。时间长了，我的思想就发生了变化，渐渐地不思进取，开始贪图享乐。

做官是为了谁？应是为了广大人民群众的根本利益。而我却把手中的权力用来谋取自己的私利。

我没有把握好自己，想的都是一己私利。政治上没有进步，思想上却成天想着如何去捞钱。是我放松了警惕，没有严格要求自己，才造成今天的局面。

一个贪字毁了我的一生。我工作30年来，前20多年都能严格要求自己，兢兢业业工作，廉洁自律。每年组织发给我的工资和奖金已经很多了，我还有什么理由再去收别人的钱呢？党组织信任我、培养我，并让我担任领导干部，可我为什么还要伸出罪恶之手呢？真是千不该万不该，我辜负了党和人民的期望。

我没有正确用好人民给我的权力。虽然县政府的议事规定没有在制度上约束我的权力，但我走到今天这一步不能怪制度，只能怪自己居功自傲。我没有把握好自己，忘记了权力是人民赋予的，应该用来为人民办事、为人民造福，我把权力看成是一种为自己捞政绩、升官捞钱的资本。

2002年8月，在公开拍卖转让某电力股份有限公司国有股权期间，本来此项工作我主张委托市国资办和产权中心负责公开拍卖转让，底价公开、程序公开、结果公开。但是，后来在拍卖过程中，有6家企业报名参加竞买，我为某企业的董事长王某提供了有关信息。最终，该企业获得了电力公司控股权，成为本县的重点骨干企业。后来为了解决电力公司的后续问题，稳定职工，维持公司正常运行，我与县财政局的相关领导研究决定借款800万元给电力公司以解决他们的资金周转困难。王某为了感谢我，于2003年至2004年共送给我50万元。

较之普通犯罪的罪犯，职务犯在服刑期间表现出的防御心理要更明显。职务犯的生活阅历丰富，见多识广，身份特殊，对外界保持高度警惕，不轻易表露心声，对自己的犯罪事实犯罪过程比较避讳，深藏不露，只谈一些细枝末节的东西，不愿轻易与其他犯人和狱警深入交流，建立信任关系比较难。在职务犯的犯罪过程中也可以观察到这一现象，即行为和认知出现严重的错位，一方面在公开场合大谈特谈贪腐的恶性，一方面却在进行着贪腐的行为。

人格心理分析学派的代表人物荣格在其集体潜意识理论提出了原型研究的视角，人格面具即是原型的一种。“人格面具是指一个人生来具有的一种倾向性，倾向于在公众场合中展示自己，扮演好某种社会角色。其目的在于给别人一个好的印象，得到社会的承认和赞许。”人格面具是人们在社会化过程中的一种适应的结果，有利于我们融入周围的社会，在顺从社会规则的过程中获得社会的认可。荣格并没有一味地赞扬人格面具在帮助人们顺利完成社会化的好处，他同时也指出了人格面具的消极影响，即“面具膨胀”。在治疗实践中，荣格发现，一些具有较好的社会地位和声望的人，反而成为面具膨胀的受害者。“但他们在某一天突然感到自己的生活异常空虚和没有意义。因为多年来都在欺骗自己，自己的兴趣和情感都不是真实的，而是假装出来的。”我们在与职务犯访谈的过程中，也发现了这一特征。他们作为曾经接受过多年党的教育和国家培养的优秀人才，在接触到诱惑或腐蚀的时候，先后发生了动摇。他们表示，曾经引以为荣的荣誉、声望等在金钱或权力的引诱面前完全败给了人性的贪婪，败给了原始的欲望。精神分析学者赖希也提出了“性格盔甲”的理论，对于意识形态的形成进行了研究。

这种防御心理、人格面具和性格盔甲，在职务犯入狱服刑期间，往往仍有残留。他们在自我角色转换的过程中，发生了比较剧烈的心理冲突，但出于自我角色的惯性、防御心理和自我掩饰的惯性，使得其在服刑期间自我认知和对服刑接受改造都存在认知误区。因此，如何降低这种心理防御对改造教育的抵触，对于提升改造教育的效果具有重要作用。

第二章

职务犯自我认知障碍与矫治

第一节 自我认知的意义

阅读材料 3－1

知人者智，自知者明。胜人者有力，自胜者强。——老子

最大的骄傲与最大的自卑都表示心灵的最软弱无力。——斯宾诺莎

把名誉从我身上拿走，我的生命也就完了。——莎士比亚

不管饕餮的时间怎样吞噬着一切，我们要在这一息尚存的时候，努力博取我们的声名，使时间的镰刀不能伤害我们；我们的生命可以终了，我们的名誉却要永垂万古。——莎士比亚

“知人者智，自知者明”，老子在《道德经》中阐述了自我认知的重要性。自我认知，也称为自我意识，是对自己的省察和理解，包括自我观察和自我评价两个部分。自我认知是人的社会性的主要体现，是人在长期的社会生活实践中所形成的比较稳定的意识形态。“自我观察是指对自己的感知、思维和意识等方面的察觉；自我评价是指对自己的想法、期望、人格及人格特征的判断与评估，这是自我调节的重要条件。”个体自我认知的形成，始于发育成长过程中的自我意识的觉醒，通过个体主观思想与外部自然和社会环境的反应和交互作用，成型于社会化的过程之中。自我认知是个体在生理发育到一定程度的情况下，所必须经历的社会化的过程，同时受制于一定客观条件的影响，比如年龄、思维和想象力的发展程度、受教育程度及其他社会条件等。

自我认知包含了三个层面的理解与体悟：个体对自身的认知、个体对外部环境的认知、个体对其他社会成员之间的关系。个体对自身的认知体现在对自我的生理、心理和行为的认识与把握；个体对外部环境的认知表现在对外部环境的理解、利用和行为上；个体与其他社会成员之间的关系体现在自我在社会交往的过程中处于什么样的位置、应当采取什么样的行为。

自我意识包含三种心理成分：自我认识、自我体验和自我监控。这也是职务犯自我认知教育和训练过程中的重点与难点。在职务犯的心理矫治和教

育中，职务犯普遍存在着自我认知的偏差。“（但与普通罪犯比较），职务犯在心理上形成比其他罪犯要高人一等的自我感觉，把失落感转变为优越感，并通过各种方式显示自己的优越感，以获得心理平衡。①大讲自己过去的‘光辉经历’。②喜欢与比自己差的人比，找一些心理平衡，有的罪犯说‘我这辈子虽然失败了，但活得很精彩’，‘我的子女培养的还可以，也有一帮好朋友’。”“职务犯有个奇怪的现象，就是自视高人一等。即使在监狱这样很特殊的环境里，也认为自己非同一般，非常人可比。他们看不起其他人，其他罪犯。他们这种优越感主要表现在四个方面。一是经济上的优越感……；二是关系上的优越感……；三是身份上的优越感，认为自己高人一等，曾经显赫一时，非周围的社会渣滓可比；四是能力上的优越感，自认为胜人一筹，不是与这些文盲加流氓可以同日而语的。他们不愿意与周围的同犯为伍，以体现与所谓的‘盗窃、流氓、诈骗、杀人、强奸犯’等的不同。”（某监狱职务犯调研报告）

阅读材料 3－2

【弗洛伊德名言】本我过去在哪里，自我就应在哪里。

【自我认知小训练】

活动设计：

（1）每次活动一般由6～8人参加较为合适，否则总的活动时间会拉得太长；每次活动的时间以半个小时至一个小时左右较为适宜。

（2）参加成员应经过一定的选择，起码条件是：自愿在他人面前解剖自己的人，不会攻击伤害别人的人。

（3）活动的场所不拘，安静，无人干扰即可。

（4）每人发言后，全体成员应给予掌声鼓励。成员相互评价时应以鼓励为主，也可以指出当事人的不足和错误，但用语要诚恳亲切，禁止任何形式的挖苦、讽刺和激烈批评行为。

第一环节：成语头脑风暴

从成语导出问题：主持人请参加成员数一数以“自”字开头的中国成语有哪一些？可以分为哪两类？（如可以分为消极性的，如自暴自弃、自欺欺人等；积极性的，如自强不息、自力更生等）。

【解析】

该活动适合于具有一定文化程度的职务犯。成语实际上是人类生活经验积累的反映。在活动中，可以看出职务犯自我认知的特点。既不知人又不知己，常常是许多有心理障碍、不适应环境者的原因所在。自知之明是心理健康的重要指标。主持人在进行讲解时，强调认识自我的重要性，自我评价的常见偏差和心理障碍、自知之明的难处等；并讲解如何认识自我的三种方法。参加成员可向主持人提问，主持人应给予解答。

第二环节：立体的我

从我与己的关系认识自我：

(1) 主持人先讲解多面一体的“我”的人格结构：“吾日三省吾身”（曾子）的分析：主体我和客体我，后者又包括：自己眼中的我（指个人实际观察到的自己的身体、容貌、性别、年龄、职业等）、别人眼中的我（指个人从多数人对自己的反应中综合归纳的统觉）、自己心中的我（指个人对自己的期望和追求的理想抱负等，是别人不易看到的隐私）。

(2) 然后请参加成员轮流讲述自己反思的体验和对三个“我”的自我认识。

(3) 参加成员之间相互进行评价。

主持人最后根据下列要点进行小结：

(1) 自我评价的高低是否恰当？（或自大或自卑，是否能悦纳自己）

(2) 由别人对自己的反应而归纳的统觉是否准确、客观？

(3) 自己对自己的期望是否恰当？（或过高，或过远）

(4) 自我观念是否能随社会变迁而作相应的调整？（僵化或灵活，或漂浮不定？）

自我认识是自己对自己身心特征的认识，自我评价是在这个基础上对自己作出的某种判断。正确的自我评价，对个人内在的心理建构和外部的行为表现有较大影响。如果个体的自我认知和评价与外部对自己的客观评价存在比较大的偏差，就会使个体在社会工作和生活等社会交往过程中与其他成员或整个社会系统产生矛盾。我们在梳理职务犯的犯罪行为过程中，发现由于自我认知差异导致职务犯产生犯罪动机的案件不在少数。集中表现在，当事人认为自己的能力和工作业绩应当得到社会更高的回报，如更高的职务、更丰厚的物质回报等，在这种过度自满和傲慢中发生心理失衡，从而走向犯罪。

自我认识在自我意识系统中起着基础作用，涉及个体对自身方方面面的认识。对职务犯的自我认知的矫治与训练，重点在三个方面：

第一，让他们能正确认识自己的身体特征和生理状况。

第二，认识到自己在社会中的地位及作用。

第三，认识目前的身份和当前际遇的原因。

自我评价是自我意识发展的主要成分和主要标志，是在认识自己的行为和活动的基础上产生的，是通过社会比较实现的。由于自我评价是自我认识中的核心成分，它直接制约着自我体验和自我调控，所以，对职务犯进行自我意识训练，其核心应放在形成正确的自我评价能力上，改变之前比较片面的自我认知的方式，形成比较客观、全面的自我评价。尤其是要改变由于之前职务、权力、财富等社会符号对于自我认知的干扰，同时避免因为服刑而形成自我贬低、自卑等过低自我评价的倾向。

在职务犯的教育和改造过程中，职务犯的自我情感体验值得关注与研究。从调研的数据来看，这一群体的自尊水平较之普通罪犯要高，情感体验相对也比较敏感。从社会心理学的角度来观察，自尊水平越高的人，往往自我防御的程度倾向越明显，否认或者逃避消极的反馈，同时会运用自我障碍策略为自己的处境找借口，并采用向下比较的方法进行心理补偿，这在前述职务犯狱中的自我认知表现中均有所体现。需要注意的是，个体的情感体验往往是比较复杂的，而且可能存在多种情感交杂的情况。对于职务犯的情感体验，我们在矫治和教育实践中要通过科学的方法予以全面的把握，并且争取以这些情感体验为切入点，突破职务犯的心理防御，实现较好的沟通教育。

自我监控是自己对自身行为与思想言语的控制，可以说是自我认知的外化。具体表现为两个方面：一是发动作用，二是制止作用。认知支配我们去做什么或者不去做什么，也就是主观心理状态支配客观社会行为，或者抑制与该行为无关或有碍于该行为进行的行为。构建正确的自我认知，形成良性的自我情感体验，都是为了能够形成符合社会规范的行为方式，以和谐的方式融入社会。建立在良性的自我认知和自我情感体验基础上的社会行为，往往具有稳定性，不会因为短期的外部的不一致的信息刺激而发生改变。譬如，有坚定的信仰和高尚人格追求的人往往可以抵挡物质或者利益的诱惑，而仅依赖于外部制度的约束形成行为规范，一旦缺乏有效制约的时候就会走向行为的反面。当然，我们强调自我监控的重要性，也并非否定制度约束的作用，有效的外部约束机制，经过内化成自我监控的准则之后才能更为有效地发挥作用。

挺直腰杆，重新站起来时，同样能感受到阳光的明媚和温暖。

自我认知是个体向内自我探究、向外自我掌控的心理基础。如果一个人不能正确地认识自己，对于自己的意识、行为、能力等方面不能正确地认识和评价，就不能对自身的行为给予正确的心理指向，同时在归因的过程中也会出现偏差。例如，一个人无法发现自己的优势或者长处，就会产生焦虑、自卑、退避等情绪，相反，一个人如果过高地估计自己，就会因此而滋生骄傲自满、盲目乐观的情绪，这些情绪都会给个体行为带来不良的后果。在职务犯的个体心理发展过程中，我们不难发现，某一阶段，尤其是在职务犯罪心理结构形成和职务犯罪行为实施的过程中，职务犯的个人认知往往会出现比较大的偏差，比如对个人能力、个人魅力的过高估计，对自己的工作职责和社会角色的认知错误等。

在第二章的案例分析中，我们不难发现这一点。职务犯在犯罪过程中，将社会或者国家赋予的公共权力认为是自己个人的权力，将来自异性或者下属的恭维认为是自己个人魅力的体现。在服刑改造的过程中，尤其是入狱适应期，职务犯的社会角色和身份发生巨大转变，职务犯的自我认知偏差也需要一段很长时间的纠正期。因此，研究自我认知，对于职务犯的教育和改造具有重要的意义。在教育改造的过程中，让职务犯反思自己入狱前自我认知的偏差所造成的不良后果，并接受作为刑事罪犯所应当承受法律处罚的现实，对于其认清犯罪危害，认清自己思想蜕变的危害，形成正确的自我认知，形成完善的人格，在服刑后重返社会，具有重要的作用。

第二节　自我认知的理论

自我认知的研究是社会心理学的重要内容，但对于自我认知的分析与研究，并不限于社会心理学。

1. 弗洛伊德的精神分析理论

在弗洛伊德的精神分析理论中，所谓“本我”指的是最原始的我，是人的原始的无意识的本能，是天然、自然之我，是生而有我之我。本我，是一切“我”存在的心理前提和能量基础。在一般意义上，可以理解为天性、本能、自然思维规律等等。弗洛伊德认为这种本我是趋乐避苦的，是无意识、无计划的。本我更多地体现了人的生理需求和人的动物性。可以说，本我也是本能的代名词。在人格结构中，本我处于最低层次。“超我”，位于人格结构的最高层次，指的是泛道德、伦理角度的“我”。超我的要求体现了人的社会性和社会化的要求。超我的形成是外部环境，尤其是价值观念、道德规范、社会取向等作用于本我的结果。超我遵循道德的原则，是道德化了的自我，超我的特征是追求完美——一种本性得到满足，现实能够允许，自我高度赞扬的心理集合。可以说，超我是人格的理想状态，是对人格最高的要求，起着抑制本我冲动，对自我进行监控以及追求完美的作用。“自我”，位于人格结构的中间层次，指的是“自己”这个意识的觉醒，是人类特有的自我探寻的开始。婴儿刚生下来以基本生理需求为主，进食、排泄等基本需求是本我的体现，这种需求伴随着婴儿的成长。当婴儿开始思考“我是谁”时，自我意识开始萌芽，在这个过程中，外部环境在儿童成长中不断地产生映像和发生交互作用，对本我中的“我”开始按照一定现实环境的约束进行塑造。自我意识具有“避险性”，比如为了满足我们对于食物的需求，我们会通过购买等社会许可的方式来获得，而不是依赖本我的本能性去随意夺取，因为自我给我们的外界反馈是，如果我们不按照社会规定的方式去获取食物，就会受到惩罚，而为了避开这种惩罚，我们会选择趋利避害的方式。

弗洛伊德的人格结构三层次相互交织在一起，成为一个有机的整体。“原始的人”（本我）、“现实的人”（自我）和“道德的人”（超我）共同作用，形成了个体完整的人格。“每个人的人生历程都必须经历这三个阶段，但是未必每个阶段都是完整的，‘三部曲’的衔接可能也不会泾渭分明。”

2. Higgins 的自我差异理论

Higgins 的自我差异理论指出，个体知觉到自我概念包括三个部分，即理想自我、应该自我和世纪自我。个体自我概念的构建通过从自己的行为推断自己、从他人的行为反应推断自己、通过社会化的比较推断自我、通过自我意识来推断自我。在该理论影响下，心理学者设计出了描述测试，通过被试在一定时间内回答 15 ~ 20 个同样的问题“我是谁”的答案，来确定被试自我意识的内容。

3. 美国学者 Jone 和 Hary 的“乔韩窗口理论”

该理论认为人对自己的认识是一个不断探索的过程，并将个体的自我分为四个部分：公开的自我（透明真实的自我，自己很了解，别人也很了解的自我部分）、秘密的自我（自己了解，但是别人不了解的自我部分）、盲目的自我（别人看得很清楚，但是自己不了解的部分）、未知的自我（自己和别人都不了解的潜在部分，通过一些机会激发出来）。

	自己知道	自己不知道
别人知道	公开区 (A)	盲目区 (B)
别人不知道	秘密区 (C)	未知区 (D)

4. 萨提亚的“冰山理论”

美国心理治疗大师萨提亚的“冰山理论”指出，一个人的“自我”就像一座冰山一样，能够为人们所看到的仅仅是呈现于外部的行为，就像漂浮在水面上的冰山的一角，而冰山庞大的山体，即个体自我的内在世界却隐藏在看不见的水下，隐藏的部分包括了应对方式、感受、观点、期待、渴望和自我等层次。萨提亚的冰山理论在心理治疗实践中具有很重要的操作意义，可以帮助个体逐步地发现自我。

以上关于自我认知的基础理论，对于矫治实践具有重要的指导意义。在咨询和改造工作中，引导职务犯改变以往错误的自我认知，形成正确的自我认知，是其在服刑期间安心改造的起点。

第三节 职务犯自我认知的特点与矫治

一、自我认知

（一）生理状况和身体特征

职务犯的年龄特征在前面已经讨论过，相关数据显示，职务犯的平均年龄在 40 岁以上。以某监狱为例，目前在押服刑职务犯平均年龄为 52 岁；湖南某监狱2012年的统计显示，在押服刑职务犯的平均年龄为57岁。在某监狱的统计数据中，60岁以上的有52人，50～59岁的有129人。年龄普遍偏大是职务犯的特点。

中老年人的生理老化会带来身体系统的变化，如神经系统表现出对刺激作出反应的时间延长，反应迟钝，睡眠质量下降，容易罹患心血管疾病。对于有基础病的中老年人，存在多种慢性病并发症的可能。我们可以以下表作为工作中的参考（引自《社会工作实务》，有增改）。该表格是对正常老年人生理退化的归纳，但是，对于中老年职务犯，由于经历了审讯、判刑和服刑等一系列过程，身心受到比较大的影响，尤其是心理方面经历了非常严重的冲击，情绪经历了比较大的变化。同时心理的刺激对其身体健康的负面影响也非常明显。调研情况显示，中老年职务犯的健康状况普遍偏差，职务犯平均年龄50多岁，其中慢性病较多，高血压、心脏病、肾脏疾病比较普遍，大部分职务犯患有不同程度的慢性疾病。这一点，职务犯自己也非常清楚，因而反映在其自我认知上，一方面会产生悲观、消极的思想，另一方面也会表现出比较关注健康、保健、养生方面的信息。

生理系统	与年老有关的变化
神经系统	对刺激作出反应的时间延长，睡眠质量不高，容易罹患心血管疾病，可能会有中风
心血管系统	如果有动脉硬化或者动脉粥样硬化，心脏功能会受到影响，容易罹患高血压或者冠心病
肌肉骨骼系统	钙质流失，肌肉力量减弱，容易出现关节炎、骨折、驼背、脊柱侧弯等
呼吸系统	心肺功能减弱，呼吸困难，更容易罹患肺炎、气管炎、肺气肿、肺心病等
泌尿系统	胰腺功能衰退，代谢功能失调，容易罹患糖尿病或者并发症
内分泌系统和生殖系统	肾脏功能衰退，膀胱紧张性减弱，容易出现感染或者失禁，男性老年人容易有前列腺炎等泌尿系统疾病
感觉系统	①触觉：老年人的痛觉阈限升高，更可能发生低烧或者高热症状，身体平衡问题会加重 ②视觉：视觉衰退，通常会有老花、青光眼、白内障、黄斑变性等视觉疾患 ③听觉：听觉灵敏度可能下降50%，难以分辨不同的声音 ④味觉/嗅觉：嗅觉可能严重受损，味觉也会发生偏差，对于异味的辨识度下降

鉴于职务犯的上述特点，我们在监狱管理过程中要注重对其基本信息的全面采集，尤其是要对其身体情况进行比较全面的评估，并建立专门的档案。在保证教育管理的同时，注意该群体自身身体的认知情况，预防身心疾患的发生，进行档案化管理，既能及时掌握其身体情况，避免教育改造过程中的突发情况，也能避免有职务犯以身体状况作为托词，逃避劳动和教育。

（二）心理活动和心理特征

职务犯的心理活动从犯罪心理结构形成到入狱服刑期间，经历了一个时间较长的起伏较大的时期。从首次实施犯罪行为的紧张、焦虑，到中间侥幸、恐惧，再到接受审判、入狱服刑、接受现实、转换角色，这其中包含了剧烈的心理转换活动。在访谈中，职务犯对于这期间的心理过程，也有比较深刻的感受和认知。在入狱服刑期间，不同服刑阶段的职务犯也呈现出不同的心理活动特征：

1. 刚入狱服刑的心理适应障碍

入狱后，职务犯首要的心理适应障碍就是身份和角色的转换的困难。在书面访谈中，类似表述出现的频率极高，“从以前呼风唤雨的领导到一名失去自由、低三下四的阶下囚……以前在社会上也很体面，现在突然犯罪失去自由，心理落差特别大，不知如何面对”，“对于监狱改造的环境，我自己用了差不多4 ~6 个月的时间来适应，最难适应的是心理的调整，心理调整不好，其他所有的事情都不能很好地完成和适应，这是刚入监时最大的苦恼”，“心理上的巨大落差，由养尊处优的国家干部沦为阶下囚，由受人尊重羡慕的国家公务员到一无所有、颜面扫地甚至声名狼藉的罪犯，巨大的落差导致心理上很难调试，很长时间无法面对现实”，“花了整整半年的时间来适应，最不适应的是一下由脑力劳动转为体力劳动，无论是身体上还是心理上都很难调整，对失去自由的集体生活非常不适应，担心与社会脱节”。根据访谈的结果进行归纳，我们发现刚入狱的职务犯有比较强的心理转换落差感、失去自由的不适感等。

2. 在监服刑期间的情绪障碍

服刑期间，职务犯相比于普通罪犯，改造意志比较坚定，比较关注司法部门的相关政策法规。基于年龄特点和社会阅历，职务犯在服刑改造期间由于身体、家庭和人际关系的原因容易产生焦虑、抑郁等心理问题。这一点在改造实践过程中值得关注，尤其是对年龄偏大、身体健康状况比较差、社会支持比较弱的职务犯，要重点予以关注。

3. 即将出狱前的焦虑情绪

在问及“对出狱以后最为担心的问题是什么”时，职务犯的回答主要集中在再社会化的社会认同上，“（担心）无法适应社会，无法面对世人的眼光，无法承受各方的压力”，“（担心）社会适应的能力，担心自己能否以正常的心态融入社会群体，能否全身心地投入新的工作”，“最担心的是面对社会各方面的歧视，出狱后如何有尊严地生存”，“担心没有一技之长，出狱后如何在社会上立足”。

（三）在群体和社会中的地位

职务犯在上述心理认知中面对的最大困难就是身份的落差与转变。对于自我在群体和社会中的地位，是职务犯自我认知的重要组成部分。通过职务犯对于自己在社会和群体中地位的认知，可以反映出该群体的自我认知的特征。身份是指其社会地位、社会角色和自我概念三者之间的关系。身份是由个体的社会地位和处境地位决定的自我认同。

首先，对罪犯身份的认知。从收到审判结果开始，职务犯就开始了漫长的自我身份认知调整的过程。上文所引访谈资料显示，一般要经过半年左右的适应期，职务犯才能够适应这一身份角色。这一身份认同的过程伴随的心理变化是非常剧烈的。鉴于入狱前的社会地位所带来的赞誉和正面的社会信息，入狱后走向反面，接纳自己作为“罪犯”这一身份，尤其是这一身份上所负载的否定性社会评价的信息，对于职务犯来讲，是一个比较艰难的心理转换过程，因而适应的过程相对来讲也比较长。

其次，与其他罪犯的差异。在访谈调研中，职务犯对于自己和其他普通罪犯的区别，职务犯群体与其他罪犯的区别，在自我认知上呈现出明显的特性来。“职务犯更容易管理，更加遵守监规纪律。由于自身的特点，所以在监狱中职务犯更容易被推荐至管理岗位，协助干警管理其他服刑人员。同时，改造成绩比较好，减刑假释的机会比较多。”“（职务犯）入狱前社会地位比普通犯人要高，文化素养和经济条件也比普通犯人好。”职务犯对其他普通服刑人员，尤其是对一些文化层次低、语言粗俗、行为粗鲁的服刑人员，表现出极大的轻视，不愿意与其交往，不屑于与其为伍，看不起这些人。有些职务犯认为那些恶习较深的罪犯是“社会垃圾”，而自己作为职务犯，是不同于这些“社会边缘人群”的，尽管自己的人生道路遇到了挫折，但即使在监狱中，自己也还是“精英”。

阅读材料 3-3：**自我认知训练活动设计**

【活动理念】

本节活动设计了三个由浅入深、由表及里的活动："画自画像"活动，帮助职务犯了解心灵中的自我；"我是谁"问卷，引导职务犯探索现实中的"我"、理想中的"我"和别人眼中的"我"的关系；"价值拍卖"游戏，激发职务犯深入地思考自己的价值观念，澄清自己的人生态度。

活动一：画自画像（认识自我）

【活动目的】

1. 通过画自画像，引导职务犯进一步认识自我，学会接纳自我。

2. 通过分享交流，认识到每个"我"都是不同的，加深对自己的了解。

【活动准备】每人一张 16 开的白纸，彩笔若干，轻音乐，幻灯片。

【活动过程】

一、放松冥想

播放轻柔的音乐，引导职务犯进行想象放松，为更好地投入自我探索做准备。

指导语：我仰卧在水清沙白的海滩上，沙子细而柔软，能感受到阳光的温暖，听到海浪的声音，感到温暖而舒适。微风吹来，我有说不出的舒畅。微风带走我的思想，只剩下一片金黄的阳光。阳光照着我全身，我的身体感到暖洋洋的……

二、画自画像

1. 发放 16 开的白纸每人一张，彩笔若干，放在每小组中备用。

2. 鼓励职务犯任意画：具体或抽象，简单或复杂都可以，只要代表你即可。

说明：自画像就是你心灵中的"我"，是你无意识中的"自我"。作画不在于技术，而在于更真实地展现自我。

3. 画好后，小组讨论和交流。然后小组派代表展示自己的自画像，并作简要说明。

4. 写上姓名、时间，或给自画像起个名，拍照留念。

5. 分享：遵循 4F 原则——做了什么（fact），感受是什么（feeling），有何新发现（finding），对未来有何影响（future），要求每个职务犯认真倾听别人的分享，认真看别人的自画像。

活动二：我是谁（探索自我）

【活动目的】探索现实中的“我”、理想中的“我”和别人眼中的“我”的关系，引导职务犯建立三个不同“我”的和谐统一。

【活动准备】“我是谁”问卷，轻音乐。

【活动过程】

一、填写问卷：我是谁（由干警问20个同样的问题：我是谁？由被测试者在纸上写下答案，时间控制在15~20分钟内为宜）

二、启发思考并分享

1. 比较“现实的我”和“理想的我”的差距，“别人眼中的我”和“真实的我”的差距。

2. 启发思考：在哪些方面存在差距？差距大吗？

启发重点：引发职务犯对表格中三个“我”统一性的重视，思考如何努力实现三方面“我”的和谐统一。若三个“我”差距大，长此以往，就会出现很严重的心理问题，难以快乐和幸福。若别人眼中的我和真实的我差距大，很可能说明自己经常违背自己的意愿，太委屈自己讨好别人，长期这样，对自己的身心健康是极为不利的，要学会爱自己。

3. 哪些差距可以改变？哪些是不可以改变的？对它们应该有怎样的态度呢？

启发重点：对不能改变的，要愉快地接受，如家庭、出身、性别、相貌、身高等；对能改变的，如人际关系、爱好、文化程度等，要努力去改变。总之，对自己的现状要持积极乐观的态度。

活动三：价值拍卖（深度认识自我）

【活动目的】

1. 激发职务犯思考自己的价值观念，把握改造中的机会，不轻易放弃；

2. 帮助职务犯体验和澄清自己的人生态度。

【活动准备】道具钱（点钞券都可）每人十张，拍卖的图片（可画图制作），拍卖锤。

【活动过程】

一、故事引入

我的梦境：前两天我做了个梦，我梦到我又回到了我入狱前的生活，回到了我第一次接受行贿人送上钱的那个场景，如果再给我一次选择的机会，我还会像当初那样做吗？（让职务犯简单陈述）今天我们就借助模拟拍卖的方法，了解自己有关爱情、友情、健康、美貌、爱心、金钱、欢乐等方面的价值观，学会选择。

二、活动程序

1. 给每位职务犯发放道具钱1 000元（每张面值100，每人十张），代表一个人一生的时间和精力。

2. 拍卖要求是：起价100，价高者得到，有出价500者，立刻得到，且可多人同时得到。提示：不可以重复使用道具钱，最多不超过1 000元。

3. 拍卖的东西如下：

爱情、友情、健康、美貌、名望、自由、爱心、权力、聪明、金钱、欢乐、长命百岁、豪宅、名车、美食、良心、孝心、诚信、智慧、名牌、大学、冒险精神

4. 讨论交流，分享感受：

（1）你是否后悔你买到的东西？争取过来的是不是你最想要的？

（2）在拍卖过程中，你的心情如何？

（3）你是否后悔自己刚才争取到的东西太少？

（4）钱是不是一定会带来快乐？有没有什么东西比钱更重要，能带来更大的满足感？你是否愿意为了钱、名望而放弃一切呢？

（5）有没有比上述这些更值得追寻的东西呢？

5. 结束语：

人生由无数选择组成，而选择由价值观决定，价值观决定了不同的人生。现在正是大家价值观形成的重要时期，要学会权衡利弊，选择自己真心想要的，还要敢于竞争。选择并非一件容易的事情，它考验着我们每个人。

二、自我体验

1. 自尊感与自负

自尊是人的自我概念中如何肯定和赞扬自己，进行自我评价的最重要的维度，自尊是人格成熟的重要标志。自尊涉及个体对自己是否有积极的态度，是否能够从自我的活动中找到存在的价值。自尊是个体对自己的社会角色进行自我评价的结果，是对自己社会活动的总体表现的整体性评价。在弗洛伊德的精神分析理论框架下，自尊属于超我的范畴，是理想中的自我的一个属征。在马斯洛的需要层次理论中，尊重是高级需要。自尊感是在人际交往的

社会活动中形成并稳定下来的。自尊感的形成与个人行为的社会评价相关度很高，同时也与社会比较相关性较高。

提升自尊感的方式包括积极方式和消极方式。①积极方式：自我提升或自我美化是指个体以有利于自己做正面评价的方式搜集和解释自我的信息。同时通过自我确认和确认他人对自己有一个比较好的评价，从而提升自尊感。②消极方式：自我表演和自我障碍策略则是通过消极的途径提升自尊的方式，即通过防卫机制或自我障碍解释自己失败的行为，为维持自己的较好的评价而夸大客观因素的作用。

在职务犯的改造实践中，其自尊水平明显高于其他普通服刑人员。原因主要是，该群体在入狱服刑前的受教育程度一般较高，社会阅历也比较丰富，同时多有从事过社会管理工作、专业技术工作的经验，以往的工作生活经历对于该群体的社会评价相对较高，因而，职务犯的自尊水平处于一个相对较高的水平。值得注意的是，由于身份的转换，从领导干部到服刑犯人，从位高权重到接受改造，多数职务犯在遭遇角色适应困难的同时，也遭遇了严重的自尊危机。在访谈中，有的职务犯表示，关押在普通监区，与一些暴力犯或严重刑事犯罪的罪犯共处一室，“与这些社会边缘的败类同处，觉得对自己是一种人格上的侮辱，自己的尊严感觉受到了严重的伤害”。因而，这种由入狱前身份和社会地位所形成的自尊惯性，延续到监狱服刑改造期间，就成为职务犯在改造中“刻意”区别于其他普通服刑人员的重要心理动因，从而呈现出一种与其身份不相符的“自负”的自我情感体验。

针对职务犯这种情感体验，在改造实践中可以尝试通过咨询或团体辅导，引导职务犯在适应监狱改造环境的过程中实现“自尊重构”。首先，在对自己犯罪行为进行反思的基础上，对之前的自尊惯性进行改造。其次，在新的特殊社会环境（监狱）中，构建适合该环境的自尊感，将配合监狱教育改造、遵守监规纪律、争取立功减刑的机会作为在该社会环境中自我提升的途径。最后，矫正自我认知中的误区，改变对其他普通服刑人员的歧视。

2. *内疚感和掩饰*

内疚情绪是个体认为自己对实际的或想象的罪行或过失负有责任，而产生的强烈不安、羞愧和负罪的情绪体验。内疚情绪往往来自良心和道德上的自我谴责。“内疚感是心灵的‘报警器’，是人类‘良心’情绪的内核，会提醒人们照顾他人的利益和感受，调整人际关系，有利于个体适应社会生活”。毫无内疚感可以说是极端自我型人格的体现，而道德感较强或者责任感较强的人群，会呈现出过度内疚的心理特征。过多的内疚感是压抑心灵的“毒药”，会使人长期生活在压力、紧张和痛苦中。

与内疚感相对应的掩饰或回避是自我防御的外在表现。在做出为社会所否定的行为的时候，个体出于潜意识中的自我保护的本能，会选择掩饰。掩饰是降低内疚感的重要手段，是个体为了减轻内疚感给自己造成的压力或紧张情绪有意或者无意中所采取的一种行为。

在职务犯的矫治教育过程中，我们会发现职务犯的内疚感是有比较明显的指向性、选择性的。在访谈中我们发现，职务犯首先内疚的对象是家人。“（我入狱后）家人承受了很大的压力和困扰，夫妻分隔，舆论压力，生活和精神的负担给家人的正常生活带来了很大的困扰，感觉非常对不起他们。”“对家人的影响非常大，让他们深受打击，在社会上、朋友亲戚中抬不起头，也影响了他们的身体健康。”这种内疚感可以体现出职务犯对于家庭关系的重视，从这一点出发，我们可以把亲情帮教作为职务犯矫治教育的重要途径。

值得注意的是，职务犯对于自身行为对社会的危害缺乏反思，甚至认为自己“对社会和他人没有什么影响和危害”。职务犯罪构成的客体，就是对社会正常的管理秩序和社会价值造成严重侵害。而在职务犯的内省之中，这一点却被“避重就轻”甚至完全忽略，或者干脆完全不承认对社会的危害，毫无内疚和忏悔之心。在职务犯的教育改造中，这也可谓一个难点。

3. 优越感和自卑

奥地利心理学家 A. 阿德勒认为，人的总目标是追求“优越性”，是要摆脱自卑感以求得到优越感。他把人的整个生命动机作用完全归结为摆脱自卑感的补偿作用。阿德勒对于优越感的描述对于我们研究职务犯的心理具有启发意义。他认为优越感就是想尽办法追求权力、企图凌驾于他人之上的愿望。而具有优越感的人，常常容易以不适当的方式（如高傲、固执、自我欣赏等）表现出这种心理状态，这在服刑职务犯的表现中非常典型。

职务犯入狱前后的巨大心理落差是其在服刑期间表现出异样的“优越感”的重要原因。这种心理体验也造成了职务犯在服刑期间与其他普通服刑人员之间的冲突。职务犯自恃自己的受教育程度高、社会阅历丰富、曾经担任过领导干部、经济情况较好等，不但在与其他普通服刑人员的比较中产生了比较强烈的优越感，即使在面对监狱干警的教育时，也时常流露这一情绪。

4. 孤独感和归属

孤独感是个体在社会生活的过程中缺乏社会连接而产生的一种不良的心

理体验。孤独感是一种封闭心理的反映，是感到自身和外界隔绝或受到外界排斥所产生出来的情感。孤独感在人的心理发展过程中是相伴而生的，短暂或偶然的孤独不会造成心理行为紊乱，但长期或严重的孤独可引发某些情绪障碍。孤独感由社会隔离而产生，反过来又会加重主体与社会的分隔程度，形成一个恶性的循环。

职务犯孤独感的心理体验在服刑期间会表现得比较明显，尤其是在入狱适应期间和与其他普通服刑人员共同关押的情况下。

三、自我控制

自我控制是在自我认知和情感体验的内部支持下，个体通过主动行为来参与社会活动。参与方式包括了主动行为和制止作用。为了实现理想中的自我和社会中的自我，个体会在自我认知的指导下有意识地采取一些行为，向理想中的自我和社会中的自我靠拢，同时也会通过克制自己的行为，遵守社会规范以实现自我内在的统一。

阅读材料 3－4：树立目标训练

【活动目的】

1. 让参与者学会树立目标意识，让目标引领自己的行为。

2. 让参与者澄清并明确自己近期的目标，懂得分清主次。

【准备器材】

每人一张 A4 白纸、一支彩笔。

【场地人数】

20 人以内为宜，以室内为宜。

【活动程序】

1. 请参与者在纸上写出近期内要完成的五件重要事情，可以是适应监内生活、改善和狱友关系、改变自己的心态、争取改造先进等。

2. 读完某一本书或参加某方面活动等。

3. 假如你现在有特殊事情，必须在五件事中抹掉两项，体验一下你现在的心情如何？你会抹掉哪两项？

4. 现在又有特殊情况发生，你必须再抹掉一项，你的心情又如何呢？

你又会抹掉哪一项呢？现在还要再抹掉一项，你又会做出怎样的决定呢？

5. 最后只剩下一件事了，这就是近期内你最想做的、对你来说最重要的一件大事，也是你当前的奋斗目标。

6. 和大家谈一谈你的奋斗目标是什么。（几乎所有犯人的奋斗目标都跟减刑出狱有关）

7. 大家静坐在座位上，思考下面三个问题：

（1）我是不是想要实现那个目标？我是不是一定要实现那个目标？

（2）我有没有实现目标的条件呢？我怎样发挥这些条件呢？

（3）实现目标的困难障碍难以克服吗？我要不要克服？我一定要克服吗？

【注意事项】

主持人在强调目标时，一定要让参与者注意以下几点：

（1）希望的目标是够得着的、可以实现的，而不是高不可攀的。

（2）目标实现要有期限。将自己要实现的目标，明确一个实现的期限，比如：短期目标就可以以一个星期、一个月为期限，中期目标可以以半个学期或一个学期为期限等。

【活动评价】

人们所做的事情常与所设定的目标相违背，这十分常见。时刻铭记自己的目标和你所要完成的使命，检查自己正在做的事情是否与目标相左，只有这样才能不断接近自己的目标。这个活动，主要就是让参与者学会理清并明确自己的近期目标，时刻意识到自己确立的目标。只有这样，才能克服浮躁情绪，不被琐碎的事情迷失方向。只要选定目标，作出决策，然后采取行动，坚持下去，就一定会成功。

第四章

职务犯的社会认知障碍与矫治

第一节　社会认知概述

一、社会认知的意义

社会认知是指导个体社会行为的重要基础。我们在日常的社会生活中，并非只是单纯地依据自我认知来展开社会行为，更多的是在反复社会交往的过程中，在对他人的心理状态、行为动机、意向作出判断和推测的基础上，综合性地做出相应的反馈行为。在经济学上，将社会认知指导社会行为的理论应用到极致的是博弈论。我们在进行行为决策时，要对他人的动机和意向进行判断和推测。

对于社会认知的研究，可以帮助我们找到职务犯犯罪行为和服刑期间行为背后的原因，并根据对于此原因的分析，为职务犯的心理矫治寻找理论依据，并指导矫治实践。

二、社会认知的理论

1. 社会认知的对象

社会认知的对象范围比较广，包括对他人表情、性格的认知以及对人与人之间关系的认知。

（1）对他人表情的认知。表情又称为情绪表现，指个人在一定的情绪状态下，个体在生理、心理和外显行为上表现出来的一切变化或者活动。包括了面部表情、言语表情和身段表情。面部表情是在人面部特定器官肌肉群的控制之下的组合构成，是个体情绪在面部的呈现。言语表情，是通过对于语言和口语表述过程中音高、音调、音色、节奏和语速的综合性表现，来呈现个体的内心活动，身段表情也可以称为肢体语言或者肢体表情，是通过躯体或者肢体的活动呈现个体的情绪。

（2）对他人性格的认知。与自我性格认知相比，对他人的性格形成认知，是一项更加艰难的工作。在自我认知中，对于自我的性格有内向型和外向型的划分。通过外部行为来判断他人的性格，仅是一种方式和途径，我们还要结合观察对象的个体成长经历、生活阅历、学识结构、身份等多种信息对其性格进行判断。在对他人性格的认知中，还要注意“刺破”（unveiling）观察对象的“性格面具”和“性格盔甲”。性格盔甲又称性格伪装，是美国心理学家里奇在集体亢奋疗法中的术语，指抗拒性格分析的刻板性人格特质结构。我国古代学者提出外部表情和内部性格的关系，并将其归纳为“性情”。北宋王安石《性情》指出：“喜怒哀乐好恶欲未发于外而存于心，性也。喜怒哀乐好恶欲发于外而见于行，情也。”我们可以将存于心的心理特质归纳为性格，即内在自我的稳定性，而外显的即为表情。

（3）对人与人之间关系的认知。对人际关系的认知包含两个层面，一方面是自己与他人的关系，另一方面是他人与他人之间的关系。在社会交往中，我们并不是完全随心所欲，在自我认知的支配之下与他人进行社会活动，而是在不间断地与他人的信息反馈和互动之中来作出下一步行动的决策。

2. 社会认知的阶段

社会认知主要包括了社会知觉、社会印象和社会判断三个不同的阶段。社会知觉是社会认知的初步，指对社会对象的直接反应，受到社会存在的制约，反过来对社会也产生巨大的影响。社会印象是对社会知觉初步加工的结果，是经过概括、分类、抽象化等思维方式所形成的主观印象。“第一印象”“晕轮效应”和“刻板印象”等都是经过初步加工后形成的社会认知。社会判断是社会认知的高级阶段，是在经历了知觉的初步反应，印象的初步加工之后对于社会对象的定论或者判断。

阅读材料 4－1：我与社会

【活动设计】

（1）每次活动一般由6～8人参加较为合适，否则总的活动时间会拉得太长；每次活动的时间以半个小时至一个小时较为适宜。

（2）参加成员应经过一定的选择，基本条件是：自愿在他人面前解剖自己，不会攻击伤害别人。

（3）活动的场所不拘，安静，无人干扰即可。

（4）每人发言后，全体成员应给予掌声鼓励。成员相互评价时应以鼓励为主，也可以指出当事人的不足和错误，但用语要诚恳亲切，禁止任何形式的挖苦、讽刺和激烈批评行为。

第一环节：从“我与人”的关系认识自我

（1）请参与者分别讲述自己父母对自己的影响，父母对自己的态度与看法，以及自己对父母观念与行为的学习、模仿和认同的过程与看法。

(2) 讲述同学、朋友等其他人对自己的态度与评价，自己在新的环境下对别人态度、行为、气质、习惯的学习、模仿和认同的过程与看法。

(3) 比较自己与父母和同龄人在世界观、人生观、处世为人、性格等方面的异同。

(4) 参加成员之间相互进行评价。

(5) 指导者最后根据下列要点进行小结：

比较的态度如何？（是积极的还是消极的）比较的出发点是什么？（是为自己的苦恼找借口，还是为自己的不足找原因）比较的标准是什么？（相对标准还是绝对标准，可变标准还是不可变标准?）比较的对象是什么？（比较的对象是偶像还是团队成员）比较的内容是什么？（是行动前的条件还是行动的结果）如何得出结论？（从前提到结论的逻辑关系如何，是否虚假理由或推不出）得出的结论是什么？（是比上不足，比下有余，还是一团糟，或自高自大）

第二环节：从“我与事”的关系认识自我

(1) 主持人先讲解一下人生经验对自我认识的价值。然后请当事人轮流讲一讲自己过去成功的经验和失败的教训，以及由此对自己的知识、能力和生活经验的认识。

(2) 参加成员之间相互进行评价。

(3) 指导者最后根据下列要点进行小结：

当事人从经验中得到了什么体验？（成功的还是失败的，愉悦的还是沮丧的，自信的还是失败的）从经验中得到了什么结论？（自我否定还是自我肯定，失败是否真为成功之母，还是自暴自弃）对经验的归因如何？（把成功或失败的原因归结为环境、运气还是自己，如认为“谋事在人，成事在天”或“成事不足，败事有余”等观点）

第三环节：小结

主持人对活动进行小结，并建议当事人回去后写一篇《我和社会》的小结。

3. 社会认知障碍及危害

如果说自我认知障碍会带来个人人格的缺陷，那么，社会认知障碍的危害将形成以当事人为圆心的社会危机圈层。社会认知涉及的是个体对周围环境，尤其是人际环境的认知和判断，如果存在偏差、错误，甚至偏执，都将会由于认知的错误导致心理的失衡、行为的失范。

比如在调查中发现，许多职务犯在谈到自己犯罪行为时，会存在对他人和社会的认知偏差，比如“都是某某某害我，如果不是他（们），我怎么会来这里”，“这个社会就是一团糟，有些人比我还贪腐，只不过是我运气不好才被弄到这里来的”等，进而对他人和社会产生仇恨和报复的情绪，轻则影响改造，重则服刑结束之后以其他方式危害社会。因此矫正职务犯的社会认知，结合监狱思想教育工作的开展，做到内外结合的综合矫治效果可事半功倍。

第二节 职务犯的社会认知障碍

一、情感表达与解释障碍

在调研和访谈的过程中，我们发现有的职务犯无法通过恰当的方式（包括语言和非语言）来表达出自己的情感，尤其是负面的情感。这一点值得关注。情感表达是心理自我建构的重要过程，将自己内在的情感通过语言或者非语言的形式对外部予以表达，可以起到沟通、宣泄、交流等多种作用。但是，情感表达出现障碍，内心的情感无法得到适当的出口，就如同堰塞湖的情形，累积到一定程度，必然会引起心理健康问题。基于职务犯普遍受教育程度较高的情况，对这种情感表达障碍，可以排除先天性因素，我们将其更多地归因于长期的性格面具的压抑、入狱后心理冲击的应激反应或者自我掩饰与保护的目的。

考虑到职务犯的年龄和生理特点，由于他们年龄偏大，思维钝化表现明显，语言表达功能也开始出现弱化。这是其情感表达障碍的生理基础。职务犯入狱前多从事管理岗位或者专业技术岗位的相关工作，基于职业的社会角色定位，以及中国社会长期沿袭的社会文化影响，在长期的工作中形成了谨言慎行、藏锋匿迹的行为特点。这一社会行为方式是有违心理学的基本规律的。一个人长期压抑自我表达的需要，这不但会造成心理压抑、抑郁等，而且会造成继发性的情感表达功能退化，对自己的感受没有办法用合适的语言予以恰如其分的表达。这种表达障碍又会引起烦躁、焦虑、自我评价降低等心理反应，从而形成表达障碍的恶性循环。另外，值得注意的是，长期的职业训练使得职务犯群体形成了“职业语言体系”，缺乏细节表达和共情的能力，在情感表达中会不时以宏大叙事的“官话”“套话”来进行表达，往往显得词不达意，不但不能达到沟通的目的，也影响了人际交往。

阅读材料 4－2：曾国藩做人做事做官的生存哲学

曾国藩早年就写下“谨言箴”。他认为用花言巧语取悦于人，只能给自身带来灾祸；闲言碎语，也会扰乱你的心神。理解的人不夸耀，夸耀的人不理解。那些道听途说的东西，让智者笑话，让愚者惊骇。笑话你的人会鄙视你，即使你很直率也会怀疑你，惊骇的人弄清原委以后，会说你欺骗他。

曾国藩年轻时言语刻薄，因此很容易得罪人。有好几次，他在席上取笑别人，反而遭到别人的讥讽，这使他很是尴尬。有一次上朝，他不经意说了几句话，顿时引起同僚的猜忌。虽然他并非有意，但听者有心，这导致他被孤立，也很狼狈。

道光二十二年（1842），他决定从谨言入手，加强修养，并说“除谨言静坐，无处下手”。但是不久后，到陈源兖家为其母亲拜寿，席间曾国藩又犯了多言的毛病。据他自己说：“席间一语，使人不能答，知其不能无怨。言之不慎，尤悔丛集，可不戒哉。”

相信曾国藩的“谨言箴”在职务犯群体中会存在普遍的共鸣，而这恰恰是职务犯情感表达障碍的根源。矫治职务犯的情感表达和解释障碍，首要是使其形成正确的自我认知，并且能够通过社会角色转换的适应，构建新的表达体系。语言是社会交流的主要工具，也是社会认知的重要标志性符号。对于职务犯的教育和改造，从话语体系入手不失为一种途径。比如对于职务犯之间的称谓问题。在访谈中发现，职务犯在服刑期间相互以入狱前职务称呼的现象依然存在，在问及原因时，一些职务犯表示："称呼之前的头衔、职务，对于对方来讲表示一种包容和理解，自己被这样称呼时，会感觉到心理平衡一些，心理落差感或失落感会缓解一些。"但是，这样做只会延滞其正确的自我认知的形成。在情感表达障碍的矫治方面，如何创造条件建立与职务犯之间的信任关系，消除沟通的顾虑和障碍，是在教育实践中需要重点考虑和设计的。同时，对于职务犯的情感表达障碍的矫治，根据该群体的表达习惯，可以从书面训练开始，逐步过渡到语言表达。

二、社会反馈障碍

在社会情境中，关注来自他人的反馈是很重要的。前面讲过，察觉他人内在的情绪反馈和外在的行为反馈的信息，并根据他们的反馈形成社会知觉，根据社会认知的图示进行信息处理后，形成社会判断，是个体在社会交往活动中的重要方面。良好的社会反馈，会让我们在社会交往活动中实现良性的互动，实现个体与社会群体之间的协调。相反，社会反馈障碍会造成人际关系的冲突。社会反馈障碍可分为社会反馈迟钝和社会反馈过激两种。前者是对于社会反馈的敏锐度比较低，对于自我行为的社会影响缺乏正确的评估，不顾其他人的感受；社会反馈过激则是对于他人的反应过于敏感。比如，在日常生活中，有些人在语言和行为表达上对社会反馈的敏锐度比较低，从而影响社会交往的顺利进行。

在监狱管理实践中，职务犯群体的自我认知一般都有片面的过高评价，因而当职务犯与其他普通服刑人员同监关押时，在言行中多有优越感，即使对同监普通服刑人员造成不良的心理影响，也多没有意识到，直至矛盾激化才幡然醒悟。此外，职务犯过高的自尊水平，也成为导致其社会反馈过激的一个因素。

三、社会控制障碍

社会控制水平是个体在社会交往中维持与他人良性互动关系的平衡器和润滑剂，它帮助我们在社会交往中通过谈判、沟通、争取和妥协实现利益的分配和让度，最终实现双方利益平衡的关系。社会控制障碍有控制过度和控制过弱两种情况。社会控制过度，就会呈现出自私、专制、以自我为中心等，以自己的利益为先，忽略他人，要求在社会交往中占据优势和强势地位。相反，社会控制过弱则是在社会交往过程中表现出怯懦、胆小、退让等，在交往的过程中处于被控制的地位或者劣势地位。

在对职务犯进行改造的过程中，我们发现，随着职务犯服刑时间的增加，职务犯的社会控制水平会从前期的障碍逐步在改造过程中趋于正常。首先是在入狱适应期间，职务犯会出现社会控制水平要求过高和过低两种伴生的情况。这一方面是因为职务犯入狱后社会角色转变较慢，受以前工作经历所形成的职业性格惯性影响；另一方面，在监狱的环境中，面对国家暴力机关的管制、其他普通服刑人员的歧视或者敌视，管教人员的严格要求，心理弱势表现明显。从访谈中发现，职务犯刚入狱期间的社会控制水平处于一个变动幅度比较大的时期，性格中的强势因素和失去权力庇护之后的畏惧心理，都影响着他们在监狱环境中社会交往的控制水平。

阅读材料 4-3：留舍最爱

【活动目的】

(1) 思考自己“生命中最重要的五样东西”，通过对留与舍的决定，帮助参与者澄清自己的价值取向。

(2) 参与者在交流分享中彼此启发、相互学习，完成价值观的重组。

【场地人数】

人数以15人以内为宜，以室内活动为宜。

【准备器材】

每人发一张A4纸和一支彩笔。

【活动程序】

(1) 分成若干个3人小组，每人发一张纸和一支笔。

(2) 主持人要求大家把自己“生命中最重要的五样东西”写下来，小组内做一下交流。

(3) 请每个人想一想，假如要从五样中划去一样，自己首先划去哪一样？划去的理由是什么？就这样依次再划去另一样，直到最后只剩一样。

（4）小组交流划去的顺序和理由，全部人分享自己作出留与舍决定时的心理感受。

【注意事项】

（1）注意营造一种安静、庄重的氛围，主持人要提前做好决定，避免轻率、随意、肤浅。

（2）每个参与者写完自己生命中最重要的五样东西后，安排小组进行交流。这是为了让人和人之间有一个相互启发、自我澄清的过程，所以交流后，允许参与者修改自己的“生命中最重要的五样东西”。

（3）全部人分享时，主持人一定要关注参与者在作出留与舍决定时的心理感受，是轻松、果断、明确地划去，还是犹豫、痛苦、矛盾地划去，因为要求最后只留一样对有些参与者来说会比较困难。

【活动评价】

每个人在纸上写下自己认为生命中最重要的五样东西。我们每一个人都经过久久的沉思，慎重地写出了答案。当又被要求依次划去四样时，相信每一位在座的人都会感到提笔的艰难，难以取舍，短短的十几分钟时间会感觉非常漫长，特别是当划到最后两样时，从心中升起一种沉重的感觉，让人久久不能忘怀。

第三节　职务犯的归因问题

归因，是人们对他人或自己行为原因的推论。观察者从可能导致行为的多种因素中认定原因并判断其性质。人们之所以对各种行为的因果关系感兴趣，是因为弄清行为的前因后果，就可以预测、评价人们的行为。归因通常可以分为内归因和外归因。内归因是将行为的原因归结为行为者内在的原因，如人格、情绪、能力、努力程度等；外归因将行为归结于外部环境因素，如工作设施、任务难度、机遇、他人影响等。

琼斯和 K. E. 戴维斯在 1965 年提出的归因理论又被称为对应推论理论。该理论主张，当人们进行个人归因的时候，就要从行为及其结果推导出行为的意图和动机。推导出的行为意图和动机与所观察到的行为及其结果相对应，即对应推论。一个人关于行为和行为原因所拥有的信息越多，他对该行为所作出的推论的对应性就越高。一个行为越是异乎寻常，则观察者对其原因推论的对应性就越大。影响对应推论的因素主要有三个：

第一，非共同性结果，指所选行动方案不同于其他方案的特点。例如，一个人站起来，走到窗边去打开窗户，并且脱掉外套擦汗，此时我们可以推断他热了。如果仅仅是打开窗户这一行为，那还不足以表示他是因为热才打开窗户，也有可能是为了透气，但是脱外套和擦汗这一非共同性结果的作用则使我们可以推断他是热了。

第二，社会期望，指一个人表现出符合社会期望的行动，我们很难推断他的真实态度，即我们不能判定他是为了符合社会期望才屈从自己的心意做此行为，还是发自内心地做此行为。

第三，选择自由，即如果我们知道某人从事某行动是自由选择的，我们便倾向于认为这个行为与某人的态度是对应的，如果不是的话，我们难以作出对应的推论。

凯利在1973年提出了归因的“三度”理论，即归因过程中三方面的影响：①客观刺激物；②行动者；③所处的关系和情境。这三个方面构成了一个立体的框架，所以成为三度理论。遵循的总原则是协变性原则。三个因素中任何一个因素的归因都取决于行为三变量：一致性、一贯性和区别性。一致性，针对人，即其他人对同一刺激是否也作出与行为者相同的反应。一贯性，针对情境，即行动者是否在任何情境下和任何时候都对同一刺激做出相同的反应。区别性，针对客观刺激物，即是否不对同类其他刺激作出相同的反应。

美国心理学家维纳对行为结果的归因进行了系统探讨，并把归因分为三个维度：内归因和外归因、稳定性归因和非稳定性归因、可控归因和不可控归因。

影响归因的主要因素有：

（1）社会视角。由于人们在归因上的社会视角不同，因而对行为归因的解释也有明显的不同。

（2）自我价值保护。个体在归因过程中，对于自我卷入的事情的解释，带有明显的自我价值保护倾向，即归因向有利于自我价值确立的方向倾斜。

（3）时间。随着时间的流逝，归因越来越有情境性，人们会将过去很久的事情解释为背景的原因，而不是行为主体、刺激客体的原因。

影响归因的因素还有能力高低、努力程度、任务难易、运气好坏、身心状态、外界环境等。

人们的归因过程受到多种因素的影响，因此不能做到归因时时正确，从而常常发生归因偏差。归因偏差包括认知性偏差、动机性偏差和性别偏差。

关于归因的研究，对职务犯教育改造的影响非常重要，既是职务犯矫治教育工作的重点，也是难点。

一、归因教育是职务犯矫治教育工作的重点

1. 归因教育是职务犯心理矫治的起点

认知心理学关于犯罪观的研究指出，成年犯罪人的认知结构都是成熟的，所有犯罪人都有一个共同点，即在通往犯罪的道路和与之有关的认知领域是异常的，比如在认知事物的过程中不能保持客观、中立的反应，简单地作出极端的结论，绝对不会改变对自己行为的认知，但是会轻易改变对环境的认知。

认罪悔罪当发奋，
自新自立重做人。

服刑人员的认罪伏法心理是进行心理矫治的起点，一切改造和教育工作也始于此。只有服刑人员有认罪伏法的心理，才能接受被剥夺自由的现实，才能修正自我认知和社会认知的偏差，构建正常的心理结构。认罪伏法心理是对法院的定罪（包括罪名、犯罪事实、情节、证据的认定）和判处的刑罚、法律条款的使用、诉讼程序等表示服从和接受的心理反应。主要表现在：①能够承认、交代犯罪事实，不推诿、掩盖，并对自己的犯罪行为的危害性、违法性有一定的正确的认识和否定性评价。②对自己的犯罪行为给国家、家庭以及自身带来的危害有罪责感、羞愧感和悔恨情绪。③有一定的改过自新、重新做人的勇气和决心，对自己承担的犯罪角色表示接受和认可。

对于一个之前具有较高社会地位和社会评价的群体，突然转变为要承受国家暴力机关惩处和社会给予否定性评价的群体，职务犯的心理落差比其他普通服刑人员要大。而且，延续的高自尊水平也给职务犯认罪伏法心理的形成造成了一定的干扰。没有良好的认罪伏法心理作为基础，其他监管和教育的效果就会大打折扣。

2. 归因教育是职务犯心理教育的关键

归因教育对于职务犯群体来讲，是教育的关键。如果职务犯没有办法对

自己的犯罪的危害性有正确的认识，那么就很难安心服刑，接受改造，更遑论纠正人生观、价值观和世界观的偏差。职务犯一般具有相对稳定的价值判断体系，对于自己的行为往往倾向于进行合理化的解释。这也是职务犯归因偏差的主要障碍。解决了归因的问题，才能打通职务犯服刑期间心理教育的通路，真正实现思想上的改造和行为上的塑造，为职务犯将来服刑期满后重归社会奠定基础。

3. 归因教育是职务犯心理重建的基础

职务犯的服从改造的动机是比较强烈的，而这种动机如果仅仅建立在争取早日出狱的短期目标上，那么教育改造也就失去了意义和价值。也许重返社会之后的再犯罪的条件消除，职务犯罪的可能性弱化，但是，其犯罪心理结构如果未在服刑期间通过教育改造消除，那么仇视、逆反的心理就会成为社会的不稳定因素。对于职务犯个人的心理重建来讲，也非常不利。因此，做好归因教育，能够让职务犯正确认识自己的犯罪行为的危害性，从而客观、中立地自我评价，形成正确的自我认知和社会认知，才能够使他们重建健康的心理结构，从而实现教育改造以人为本的根本目的。

二、归因研究是职务犯矫治教育工作的难点

1. 职务犯普遍存在归因偏差

在监管改造实践中，职务犯普遍存在认罪不伏法的心态。表面上能够认罪，但真正从内心深处认罪伏法的职务犯并不多。职务犯在反思陈述自己的犯罪根源时，提到的主观原因，千篇一律，总会强调自己一时糊涂，没有抵制住诱惑，辜负了党和国家的培养等等，轻描淡写，泛泛而谈，极力粉饰自己，将自己的过错归于社会风气的影响，归于家庭成员和特定关系人的影响，归于其他人的拉拢、腐蚀和诱惑，呈现出典型的外归因倾向。尽管承认自己有罪，但总觉得自己被轻罪重罚，自己之前的成绩和功劳被完全否定，极力为自己寻找开脱和逃避惩罚的借口和理由，从心理上无法接受自己被社会否定和惩罚的事实。

2. 职务犯归因偏差矫正困难

职务犯表面上认罪，表现出配合改造教育的样子，但在内心仍然无法认同自己被惩罚改造的事实。这种归因偏差有着非常根深蒂固的影响，主要来源于自我认知的偏差和自我防御机制过强的干扰。职务犯的错误认知是造成其归因偏差的重要原因。职务犯在入监初期仍然有高人一等的错误自我意识，

自傲、自负、自我价值感过高，加上存在认罪不伏法的心理，罪犯角色意识严重淡化。自我优越感强，不仅表现在与其他服刑人员的比较上，还表现在对监狱干警的态度和对监狱管理的挑剔等方面。所以，如何改变职务犯自我认知的偏差，实现正确归因，是职务犯心理矫治的难点。

3. 职务犯归因矫正后稳定难

归因仅仅是职务犯心理矫治教育的开始。对于犯罪心理的矫治，是一个漫长而且充满反复的复杂过程。在矫治过程中极易出现反弹、转向等变化，这一点尤其值得关注。如何在归因矫正之后，通过心理教育和行为训练固化其正确的自我认知，稳定矫治效果，是职务犯矫治过程中需要重点解决的问题。

第四节　职务犯社会认知矫治实践探索

一、强化矫正模式

强化矫正模式主要是基于塞利格曼有关习得性无助的研究，运用学习和强化原理，在归因训练时，对个体作出的积极归因及时给予强化，促使他们形成积极的归因风格。

阅读材料 4－4

“习得性无助”是美国心理学家塞利格曼 1967 年在研究动物时提出的，他用狗做了一项经典实验，起初把狗关在笼子里，只要蜂音器一响，就给予难受的电击，狗关在笼子里逃避不了电击。多次实验后，蜂音器一响，在给电击前，先把笼门打开，此时狗不但不逃而是不等电击出现就先倒在地开始呻吟和颤抖。本来可以主动地逃避，但狗采取的却是绝望地等待痛苦的来临，这就是习得性无助。

根据斯金纳的强化管理理论，根据强化的性质和目的可把强化分为正强化和负强化。在管理上，正强化就是奖励那些组织上需要的行为，从而加强这种行为，也就是激励行为的主动性；负强化就是惩罚那些与组织不兼容的行为，从而削弱这种行为，也就是利用惩罚来遏制行为的冲动。正强化的方法包括奖金、对成绩的认可、表扬、改善工作条件和人际关系、提升、安排担任挑战性的工作、给予学习和成长的机会等。负强化的方法包括批评、处分、降级等，有时不给予奖励或少给奖励也是一种负强化。强化的具体方式有四种：

（1）正强化。正强化就是奖励那些符合组织目标的行为，以使这些行为进一步地加强、重复出现。在职务犯改造中，计分、公布奖励等都是非常重要的方式。

（2）惩罚。当行为人出现一些不符合组织目标的行为时，采取惩罚的办法，可以约束这些行为少发生或不再发生。惩罚是力图使所不希望的行为逐渐削弱，甚至完全消失。

（3）负强化。负强化强调的是一种事前的规避。俗语“杀鸡儆猴”，形象地说明了两者的联系与区别。对出现了违规行为的“鸡”加以惩罚，意欲违规的“猴”会从中深刻地意识到组织规定的存在，从而加强对自己行为的约束。

（4）忽视。忽视就是对已出现的不符合要求的行为进行“冷处理”，以达到“无为而治”的效果。

二、团体发展模式

这一模式以韦纳的成就归因模型为代表，归因训练是以团体讨论的方式进行的，即在心理学专家或受过一定训练的教师指导下，小组成员一起讨论，分析行为的原因，最终做了正确的归因。设计有针对性团体活动方案，以小组活动的方式开展。在矫治实践中，通过团体训练、拓展小组活动的方式进行归因训练，效果优于个体咨询。

三、观察学习法

社会学习论创始人班杜拉认为，自我效能是个体根据以往成败的经验，确认自己完成某项工作或任务的能力。如果将成功归因于自己的能力，更能强化自我效能；相反，如果把成功归因于外在的因素，则不会强化自我效能。

训练中可以选择与受训者个体具有相似个体特征（如年龄、性别等）的榜样，让受训者观察榜样在完成某一具体的工作任务时如何将成功归因于自己的能力，从而提高受训者的自我效能水平。

对于职务犯心理矫治和改造教育，可以考虑运用该方法，在服刑人员中选取改造的典型，发挥其带动作用。

第五章

职务犯的情绪障碍与矫治

第一节 职务犯的焦虑情绪与应对

一、焦虑基本理论

焦虑是指个人预料会有某种不良后果或模糊性威胁出现而产生的一种不愉快的情绪。其特点是紧张不安、忧虑、烦恼、害怕和恐惧，可能伴随的躯体症状有出汗、颤抖、心跳加快等。焦虑可以分为特质焦虑和状态焦虑，前者作为一种人格特质而具有持久性，后者也称为情境焦虑。焦虑不同于恐惧，恐惧是对于有明确原因的危险而产生的不良情绪，而焦虑则是对于不确定的未知的模糊性威胁的不适感。适度的焦虑不仅对人没有害处，还可能激发斗志，唤起警觉，提高工作效率。如果焦虑情绪过于强烈，则可能损害身心健康。

弗洛伊德指出，焦虑是各种心理问题的中心。焦虑来自力比多受压抑而产生的紧张状态，以及因为恋母而害怕失去爱，对阉割的恐惧，对超我和良心的负疚感等。弗洛伊德是第一位强调焦虑重要性的学者。

霍妮认为人的焦虑并非决定于原始的性本能冲动，人的基本不幸是因生活中缺乏真正的温暖和感情。如果儿童生来处于一个潜伏的相互敌对的世界中，先天潜能和安全受到阻碍和威胁，就会产生一种孤立无助的感情。

焦虑习得理论认为焦虑是对先前刺激的反应，通过对结果的强化得以维持。行为主义中关于操作条件反应和逃避行为的研究为焦虑行为的学习提供了理论支持。

职务犯焦虑情绪的来源主要有对服刑期间相关法律变化不确定性的焦虑、对漫长刑期的焦虑、对自由被限制的焦虑、对家庭关系和家庭成员的焦虑、对未来社会适应的焦虑、对监内人际关系的焦虑。

二、焦虑症状与测量

焦虑情绪的外部表征有持续性紧张不安，常有莫名其妙的恐惧感，惧怕即将到来的压力事件的发生，情绪不稳定，容易被激怒，有头痛、心悸、消化不良和失眠等躯体症状伴随。被试可以通过焦虑自评量表（SAS），了解自己的焦虑水平。该量表适用于具有焦虑症状的成年人。实施时间一般是 10 分钟。主要评定测题定义的症状出现的频度。分数统计指标为总分，经过转化后，分值越高，表明焦虑程度越高。

阅读材料　**5－1：焦虑自评量表（SAS）**

焦虑自评量表是一个含有20个项目、分为四级评分的自评量表，该表用于评出焦虑病人的主观感受。

一、项目、定义和评分标准

SAS采用四级评分，主要评定项目所定义的症状出现的频度，其标准为："1"没有或很少时间；"2"小部分时间；"3"相当多的时间；"4"绝大部分或全部时间。（其中"1""2""3""4"均指计分分数）

注意事项：下面有二十个句子（括号中为症状名称），请仔细阅读每一句，把意思弄明白，每一个句子后有四级评分，表示：没有或偶尔；有时；经常；总是如此。然后根据您最近一星期的实际情况，在分数栏1～4分适当的分数下画"√"。

1. 我觉得比平时容易紧张和着急。（焦虑）	1	2	3	4
2. 我无缘无故地感到害怕。（害怕）	1	2	3	4
3. 我容易心里烦乱或觉得惊恐。（惊恐）	1	2	3	4
4. 我觉得我可能将要发疯。（发疯感）	1	2	3	4
5. 我觉得一切都很好，也不会发生什么不幸。（不幸预感）	4	3	2	1
6. 我手脚发抖打战。（手足颤抖）	1	2	3	4
7. 我因为头痛、颈痛和背痛而苦恼。（躯体疼痛）	1	2	3	4
8. 我感觉容易衰弱和疲乏。（乏力）	1	2	3	4
9. 我觉得心平气和，并且容易安静坐着。（静坐不能）	4	3	2	1
10. 我觉得心跳得快。（心悸）	1	2	3	4
11. 我因为一阵阵头晕而苦恼。（头昏）	1	2	3	4
12. 我有晕倒发作，或觉得要晕倒似的。（晕厥感）	1	2	3	4
13. 我呼气吸气都感到很容易。（呼吸困难）	4	3	2	1
14. 我手脚麻木和刺痛。（手足刺痛）	1	2	3	4
15. 我因胃痛和消化不良而苦恼。（胃痛或消化不良）	1	2	3	4
16. 我常常要小便。（尿意频数）	1	2	3	4
17. 我的手常常是干燥温暖的。（多汗）	4	3	2	1

18. 我脸红发热。(面部潮红)	1	2	3	4
19. 我容易入睡并且一夜睡得很好。(睡眠障碍)	4	3	2	1
20. 我做噩梦。(噩梦)	1	2	3	4

结果：(1) 原始分　　(2) 标准分

二、适用对象

SAS 适用于具有焦虑症状的成年人。同时，它与 SDS（抑郁自评量表）一样，具有较广泛的适用性。

三、评定方法

SAS 的主要统计指标为总分。在由自评者评定结束后，将 20 个项目的各个得分相加，再乘以 1.25 取得整数部分，就得到标准分。也可以查“粗分标准分换算表”作相同的转换。标准分越高，症状越严重。一般来说，焦虑总分低于 50 分者为正常；50 ~ 60 分者为轻度，61 ~ 70 分者是中度，70 分以上者是重度焦虑。SAS 的 20 个项目中，第 5、9、13、17、19 条，此 5 个项目的计分，必须反向计算。

三、职务犯焦虑情绪的应对

焦虑情绪的应对是指减轻和消除焦虑的过程。焦虑作为人在应激条件下的常见情绪反应，其应对过程可以分为两种：①针对产生焦虑的刺激和情境。②着重处理焦虑感本身。前者要求人们准确地考察和评估自己的问题，形成正确的认知，达到改善焦虑情绪的目的；后者则是通过采用各种办法减轻和消除焦虑的情绪体验，包括采用认知上的策略和行动上的策略，如通过自我防御机制来减轻焦虑感，或者通过服用抗焦虑的药物等方法来减轻焦虑的情绪体验。

（一）运动疗法

根据健康管理学和运动心理学的相关研究，体育锻炼不但能够带动身体机能的提升，促进多巴胺的分泌，同时可以提升神经系统的活跃度。多巴胺是脑内兴奋剂，它使我们的精神更加振作。当我们精力充沛时，脑异常地活跃，不断地分泌这种物质，它是激发人的热情与干劲的激素。多巴胺激活A10神经，而A10神经是影响人们心理活动的重要部分，由于它是唯一一条通过下丘脑、边缘系统及大脑新皮质三部分的神经，因此一旦被激活，人就会情绪高涨，干劲十足，思维敏捷，记忆力明显增强，产生无比的快感。当我们心情愉快地从事某项工作，就是这条神经在起作用。所以，运动可以给人一种轻松和自己做主的感觉，有益于克服抑郁症患者共有的孤独感。对于监所内的服刑人员来讲，可以采用散步、打太极拳等锻炼方式，尽量做到心、意、气、形合一，达到通过运动来缓解焦虑症状的目的。在运用运动疗法来缓解职务犯焦虑情绪时，应当注意职务犯的年龄、身体条件，引导其选择适合的运动方式。同时加强运动安全教育，防止运动过程中发生意外。

阅读材料 5-2：适合监内的运动

“生命在于运动。”在实践中，华佗首创“五禽戏”，继后有孙思邈、王寿等提出了各种运动锻炼方法。大量的调查研究资料表明，运动对人体有十方面的好处：①更好地发挥大脑机能；②能预防心脑血管疾病；③能增强呼吸机能；④能预防骨折；⑤能控制体重；⑥有助于消化；⑦能保持肌肉正常运动；⑧能调节神经；⑨能使皮肤柔软、有光泽；⑩能使四肢运动协调。常用运动保健方法有：散步、打太极拳、练气功、打门球、骑自行车、面壁蹲墙法、调身锻炼法、劳动锻炼法等。

1. 劳动锻炼

这里的劳动是指体力劳动，恩格斯指出：“劳动创造了人本身。”具有正常劳动能力的年轻人固然要劳动，老年人也应时常小劳，这才符合养生之道。劳动能够舒展筋骸，流畅气血，调节精神，强身健体。

2. 散步或跑步

散步与跑步是最简单易行的运动方法，从古代来看，多开展散步，而对跑步则不大提倡，其实这两种运动方法具有相似的作用。前人对散步的作用、时间、要求，均做了较详细的论述。“步主筋，步则筋舒而四肢健”；饭后“缓行数百步，散其气与输其食，则磨胃而易腐化”；闲暇“散步所以养其神”；睡前散步“是以动求静”，有助于入睡。要求散步时安闲自如，行不言语。现代养生学对跑步做了许多观察与研究，确认跑步对人体是一种正常的生理兴奋剂，是一种较好的防疾治病的方法。至于跑步以多快的速度最适宜，如何控制速度，研究者认为改善机体功能的跑步应根据情况进行，持续跑步3~4分钟后，安静时脉搏次数不应少于跑步时的一半。无论是散步或是跑步，都贵在坚持、适量，这才是达到养生效果的保证。

3. 导引

导引是一种以肢体运动与呼吸运动相结合的古代健身方法。导引的内容比较丰富，它主要包括古导引式、华佗五禽戏、天竺国按摩法、波罗门导引十二法、易筋法、简化导引法、太极拳等方法。导引具有行气活血、流通营卫、舒筋健骨、健脾消食、聪耳明目、轻身强体等作用。

4. 自我按摩保健

自我按摩是指在自己身体上某些部位或穴位运用一定的按摩手法进行按摩的一种方法。此法有简便易学、安全有效等优点，适于各层次的人群防病治病。具有消除疲劳、振奋精神；增强肌力、滑利关节、促进气血流畅、调节脾胃功能等作用，具体操作如下：

（1）操作前先静坐3分钟，排除杂念，思想清静，全身放松，然后意气相随，与动作相结合，进行自然按摩。

（2）手法：

①摩耳：两平掌按压耳孔，再骤然放开，连续做十几次后，用双手拇指、食指循耳郭自上而下按摩20次（拇指在耳郭后，食指在前）。再按摩

耳垂30次，以耳部感觉发热为度。早晚各一次，可强身祛病，益寿延年。此法如能配合“鸣天鼓”运动更佳。即：用双手掌心紧紧地按住两耳孔，五指置于脑后，然后用两手中间三指轻轻叩击后脑部十数次，或将两手食指各压在中指上，用食指向下滑弹后脑部十数次。“鸣天鼓”时，自始至终要闭目养神，手法由轻至重，坚持下去，可收到强壮元气、醒脑强力、防治耳病等功效。

②浴面：先将手搓热，然后两手掌由鼻翼迎香穴按摩至双眼睛明穴，再上擦至印堂穴，两额太阳穴，过两耳前下擦回到鼻翼。如此上下左右按摩，具有提神醒脑的作用。

③揉太阳穴以双拇指或食指分别按在两侧太阳穴上，做小幅度的环旋转动，使着力部位带动该处的皮下组织，做反复不间断的、有节律的轻柔缓和的回旋揉动。具有醒脑作用，并可治疗感冒、眼疾。

④摩腹：以单掌或叠掌摩脘腹，以中脘为中心，做顺时针的抚摩，有健脾和胃的作用。

⑤搓手脚：上肢内侧由上往下，外侧由下往上；下肢外侧由上往下，内侧由下往上，各3~5遍即可。有疏通经络，调和气血等保健作用。

⑥擦风池：将双手搓热后，于颈项部风池、风府等处来回擦30次，有提神醒脑，治疗感冒、头痛及颈椎病的作用。

⑦擦肾俞：两手掌紧按两侧腰部，由上而下擦至腰骶部，有温热感即可，有壮腰固肾的作用，可治疗腰痛、夜多小便等症。

⑧擦涌泉：先将两手掌擦热，然后分别擦摩脚心涌泉穴，此法有保健作用，多用于治疗神经衰弱、失眠症等。

5. 面壁蹲墙法

面对墙壁，两脚并拢，周身中正，两手自然下垂，全身放松，内心喜悦（两脚尖离墙的距离可根据本人的具体情况而定，逐步靠到墙根），下蹲时体内用力，两肩前扣、含胸，头不可后仰，腰向后突，初学者蹲和起都要慢，身体直起后，两手叉腰，拇指按在背部“京门穴”（第十二软肋端），其余四指按于胯上，深呼吸一次，再蹲，要逐渐达到一次连续蹲30下，最好日蹲两次。

阅读材料 **5-3：中医心理学推荐的四种养生保健操**

1. 太极拳

太极拳是我国宝贵的民族遗产，其姿势优美，动作柔和，男女老幼皆宜，不受时间和季节的限制。既能防病，又可强身，不仅我国人民喜练，而且深受世界各国人民的欢迎。

“太极”出自我国古代哲学论著《易经》的阴阳八卦学说，始见于陈抟、周敦颐的“太极图”，表示宇宙及万物都是由对立而又统一的阴阳两个方面的物质组成。“太极”寓有无限大和无限小的意义，阴阳二气平衡，互根、消长，不断运动，无休无止。太极拳正是以这种理论为依据，讲求动静、阴阳。形体外动，意识内静。形动于外，则分虚实，运阴阳，拳路整体以浑圆为本，一招一式均由各种圆弧动作组成，按太极图形组成各种动作；意守于内，以静御动，用意识引导气血运于周身，如环无端，周而复始。可见所谓“太极拳”，就是以“太极”哲理为依据，以太极图形组编动作的一种拳法。其形在“太极”，意在“太极”，故而得名。

2. 八段锦

源于宋代的强身气功八段锦曾是流行于民间的健身方法之一。锦字从金，形容贵重；帛是古代颜色鲜美之物。因为这种功法可以强身益寿，有如展示给人们一幅绚丽多彩的锦缎，故称为“锦”。

八段锦是由八节不同动作组成的一套医疗康复体操，其动作简单，易学易练，并在实践中不断加以修改、创新，又演变出许多种类，如岳飞八段锦、十二段锦、自摩八段锦、床功八段锦、坐势八段锦等，各有特长。

八段锦柔筋健骨、养气壮力，可以行气活血、协调五脏六腑功能，男女老幼皆可锻炼。现代研究也已证实，这套功法能加强血液循环，对腹腔脏器有柔和的按摩作用，对神经系统、心血管系统、消化系统、呼吸系统及运动器官都有良好的调节作用，是一种较好的体育运动。八段锦体势有坐势和站势之分。前者练法恬静，运动量小，适于起床前或睡觉前锻炼；后者运动量大，适于各种年龄、身体状况的人锻炼。

3. 五禽戏

五禽戏是东汉名医华佗所创，华佗在观察了很多动物后，通过模仿虎、鹿、猿、熊、鸟五种动物的形态和神态，来达到舒展筋骨、畅通经脉目的的一种健身方法。就是指模仿虎、鹿、熊、猿、鸟五种禽兽的动作，组编而成的一种锻炼身体的方法。

练法有两种：一种是模仿五种禽兽的动作，用意念想着它们的活动，自然地引出动作来，只要动作的次序有个组合就可以了，每次锻炼的动作次序可以不完全一样。另一种是参阅现有五禽戏的书籍，学习整套动作。

4. 易筋经

易，改变之意；筋，泛指肌肉、筋骨；经，为方法。因而易筋经是一种改变肌肉、筋骨质量的特殊锻炼方法。它除练肌肉、筋骨外，同时也练气和意，是一种意念、呼吸、动作紧密结合的功法。在练功时要注意松静结合，刚柔相济，身体自然放松，动随意行，意随气行，不要紧张、僵硬。

（二）阅读疗法

阅读疗法是通过为具有焦虑情绪的人群提供图书或其他信息材料，通过读者对阅读材料信息进行感悟，提高其自身认知水平，培养积极向上的思维模式，缓解焦虑的情绪。阅读疗法对于缓解职务犯的焦虑具有重要意义。职务犯的学历水平较之其他普通服刑人员要高，在某监狱，大专以上学历的职务犯占职务犯总数的76.8%，这些职务犯的认知能力比较强。在访谈中我们发现，服刑改造期间，职务犯的消费行为中购买书籍和阅读材料是重要的支出项目，而且对监狱内部提供的图书数量、质量要求比较高。在阅读的类别上，较新出版的历史、哲学、艺术、英语、新闻、商业管理、经济、心理学、健康养生类图书资料受到职务犯的青睐。因此，阅读疗法，不但可以缓解职务犯的焦虑情绪，而且对其改造教育也具有重要的作用。在改造实践中，将阅读疗法作为职务犯心理矫治的途径，是一个值得深入研究和探讨的课题。

（三）放松疗法

人们的心情反应包含情绪与躯体两部分。假如能改变躯体的反应，情绪也会随着改变。从这一点上来讲，身心是一体的，情绪的问题可能会在躯体上有所反映。至于躯体的反应，除了受自主神经系统控制的内分泌系统的反应不易随意操纵和控制外，受随意神经系统控制的随意肌肉反应，则可由人们的意念来操纵。也就是说，人的意识可以控制随意肌肉，从而间接地把情绪松弛下来，建立轻松的心情状态。基于这一原理，放松疗法就是通过意识控制使肌肉放松，从而间接地松弛紧张情绪，从而达到心理轻松的状态，利于身心健康。

阅读材料 **5-4：放松训练操作导引**

（1）“深深吸进一口气，保持一会儿。（大约15秒）好，请慢慢把气呼出来，慢慢把气呼出来。（停一停）我们再来做一次，请你深深吸进一口气，保持一会儿。（大约15秒）好，请慢慢把气呼出来，慢慢把气呼出来。（停一停）伸出你的前臂握紧拳头。”

（2）“用力握紧，注意你手上的感受。（大约15秒）好，然后请放松，彻底放松你的双手，体验放松后的感觉，你可能感到沉重、轻松，或者温暖，这些都是放松的标志，请你注意体会这些感觉。（停一停）我们再做一次。（同上）”

（3）“现在开始放松你的双臂，先用力弯曲绷紧双臂肌肉，保持一会儿，感受双臂肌肉的紧张。（大约15秒）好，放松，彻底放松你的双臂，体会放松后的感受。（停一停）我们再做一次。（同上）”

（4）“现在，开始练习如何放松双脚。好，紧张你的双脚，用脚趾抓紧地面，用力抓紧，用力，保持一会儿。（大约15秒）好，放松，彻底放松你的双脚。（停一停）我们再做一次。（同上）”

（5）“现在，放松你小腿部位的肌肉。请你将脚尖用力上翘，脚跟向下向后紧压地面，绷紧小腿上的肌肉，保持一会儿，保持一会儿。（大约15秒）好，放松，彻底放松你的双脚。（停一停）我们再做一次。（同上）”

（6）“放松你大腿的肌肉。请用脚跟向前向下压紧地面，绷紧大腿肌肉，保持一会儿。（大约15秒）好，放松，彻底放松。（停一停）我们再做一次，保持约15秒。（同上）”

（7）“现在我们放松头部肌肉。请皱紧额头的肌肉，皱紧，皱紧，保持一会儿。（大约15秒）好，放松，彻底放松。（停一停）现在，转动你的眼球，从上，至左、至下、至右，加快速度。好，现在朝反方向旋转你的眼球，加快速度，好，停下来，放松，彻底放松。（停一停）现在，咬紧你的牙齿，用力咬紧，保持一会儿。（大约15秒）好，放松，彻底放松。（停一停）现在，用舌头顶住上颚，用劲上顶，保持一会儿。（大约15秒）好，放松，彻底放松。（停一停）现在，收紧你的下巴，用力，保持大约15秒。（同上）”

（8）“现在，请放松躯干上的肌肉群。好，请你往后扩展你的双肩，用力向后扩展，用力扩展保持15秒（停一停）我们再做一次。（同上）”

(9)“现在，向上提起你的双肩，尽量使双肩接近你的耳垂。用力上提双肩，保持15秒。(同上)”

(10)“现在，向内收紧你的双肩，用力收，保持一会儿。(大约15秒)好，放松，彻底放松。(停一停)我们再做一次(同上)保持15秒。”

(11)“请抬起你的双腿，向上抬起双腿，弯曲你的腰，用力弯曲腰部，保持一会儿。(同上)”

(12)“现在，紧张臀部肌肉，会阴用力上提，保持一会儿。(大约15秒)好，放松，彻底放松。(停一停)我们再做一次。(同上)(休息3分钟，从头到尾再做一遍，放松)”

结束放松过程。

“这就是整个放松过程，感受你身上的肌肉群，从下至上，使每组肌肉群都处于放松的状态。(大约20秒)请注意放松时的温暖、愉快、轻松感觉，并将这种感觉尽可能地保持1～2分钟。然后，我数数，数至‘五’时，你睁开眼睛，你会感到平静安详，精神焕发。(停1～2分钟)好，我开始数，‘一’感到平静，‘二’感到非常平静安详，‘三’感到精神焕发，‘四’感到特别的精神焕发，‘五’请睁开眼睛。”

第二节　职务犯的抑郁情绪与应对

一、抑郁情绪的症状

抑郁症可以表现为单次或反复多次的抑郁发作，以下是抑郁发作的主要表现。

1. 心境低落

主要表现为显著而持久的情感低落，抑郁悲观。轻者闷闷不乐、无愉快感、兴趣减退。重者痛不欲生、悲观绝望、度日如年、生不如死。典型患者的抑郁心境有晨重夜轻的节律变化。在心境低落的基础上，患者会出现自我评价降低，产生无用感、无望感、无助感和无价值感，常伴有自责自罪，严重者出现罪恶妄想和疑病妄想，部分患者可出现幻觉。

2. 思维迟缓

患者思维联想速度缓慢，反应迟钝，思路闭塞，感觉“脑子好像是生了锈的机器”“脑子像涂了一层糨糊一样”。临床上可见主动言语减少，语速明显减慢，声音低沉，对答困难，严重者交流无法顺利进行。

3. 意志活动减退

患者意志活动呈显著持久的抑制。临床表现行为缓慢，生活被动、疏懒，不想做事，不愿和周围人接触交往，常独坐一旁，或整日卧床，闭门独居、疏远亲友、回避社交。严重时连吃、喝等生理需要和个人卫生都不顾，蓬头垢面、不修边幅，甚至发展为不语、不动、不食，称为“抑郁性木僵”，但在细致的精神检查中，患者仍流露痛苦抑郁情绪。伴有焦虑的患者，可有坐立不安、手指抓握、搓手顿足或踱来踱去等症状。严重的患者常伴有消极自杀的观念或行为。消极悲观的思想及自责自罪、缺乏自信心可萌发绝望的念头，认为“结束自己的生命是一种解脱”“自己活在世上是多余的人”，并会使自杀企图发展成自杀行为。这是抑郁症最危险的症状，应提高警惕。

4. 认知功能损害

研究认为抑郁症患者存在认知功能损害。主要表现为记忆力下降、注意力障碍、反应时间延长、警觉性增高、抽象思维能力差、学习困难、语言流畅性差、空间知觉、眼手协调及思维灵活性等能力减退。认知功能损害导致患者社会功能障碍，而且影响患者远期预后。

5. 躯体症状

主要有睡眠障碍、乏力、食欲减退、体重下降、便秘、身体任何部位的疼痛、性欲减退、阳痿、闭经等。躯体不适的体诉可涉及各脏器，如恶心、呕吐、心慌、胸闷、出汗等。自主神经功能失调的症状也较常见。病前躯体疾病的主诉通常加重。睡眠障碍主要表现为早醒，一般比平时早醒 2 ~ 3 小时，醒后不能再入睡，这对抑郁发作具有特征性意义。有的表现为入睡困难，睡眠不深；少数患者表现为睡眠过多。体重减轻与食欲减退不一定成比例，少数患者可出现食欲增强、体重增加。

二、抑郁的测量

抑郁症又称抑郁性神经症，以心境低落为主要临床表现，伴随有焦虑、躯体不适和睡眠障碍。抑郁一般是轻度的，但由于迁延不愈，患者感到内心痛苦，常主动求治疗，日常生活不受显著影响。主要临床表现有兴趣渐退，但未完全丧失；对前途悲观失望，但不绝望；自感疲乏无力或精神不振，自我感觉不佳；自我评价过低，但愿意接受鼓励和赞扬；不愿主动与人交往，但被动接触良好；愿意接受同情和支持，有想死的念头，但又怕死；顾虑重重，自觉病情严重难治，但主动求医，希望能够治好。通常这种心境低落的状态至少持续两年以上，中间可能有间歇期，但是不超过两个月。

三、职务犯抑郁情绪的应对

中老年群体是抑郁症的高发群体，伴随着生理机能的衰退，中老年人的心理机能也在发生变化。生活状况、社会支持的变化，尤其容易诱发抑郁情绪。职务犯群体的年龄普遍偏大，而且经历了被法律处罚的否定性社会评价的过程，情绪经历了比较大的波动。巨大的心理落差、管制严格的改造环境，加上身体和心理的巨大压力，容易使职务犯患有老年抑郁症。对于已经存在抑郁倾向或有轻度、中度抑郁症状的职务犯，要积极开展心理治疗，通过咨询、治疗的方式，缓解其抑郁情绪，严重的要及时转诊，由专科医院进行诊断治疗。

在职务犯的日常管理中，可以从其日常行为表现来对其情绪是否具有抑郁倾向进行初步判断，对于前来进行心理咨询或辅导的职务犯，也要进行初步的筛查。同时结合上述抑郁自评量表，进行初步的筛查判断。

对于初步判断有抑郁倾向、轻度或中度抑郁情绪的职务犯，可以借助行为疗法和交际疗法对其进行辅导和治疗。

（一）行为疗法

当职务犯产生抑郁症状时，可以通过改变个体的行为方式来间接地改善其情绪。比如增加户外活动、找到自己感兴趣的事、找到一个自己可以企及的目标去实现等，引导个体将认知转移到有意义的生活中来，避免职务犯在抑郁情绪中不断消耗心理能量，加重无力感、无助感和思维钝化的情况。同时，在治疗实践中，可以引导个体将自己的心情通过书写的方式表达出来，一方面有利于观察其心理变化，另一方面为个体提供行为指导，认真面对自己的抑郁症状，并思考如何进行自我的心理重建，配合咨询和治疗进行自我改善。在心理咨询的临床实践中，写日记是一个非常重要的辅助治疗途径。

“自我心理干预还需要自我接受和自我否定。有强烈自我否定的人需要在日记里增强自我接受，避免自我指责。例如，抑郁症患者的一个重要特征是自卑和极度的自我否定。有抑郁倾向的人，应该详尽地在日记里记录自己每天工作的情况、学习的成绩，分析自己的优点，决不可记述任何的缺点和存在的问题。从实践来看，只要坚持数月，自我接受能力会明显提高，逐渐摆脱抑郁的羁绊而恢复自信。”

（二）交际疗法

良好的社会关系可以改善个体的情绪质量，善于与人结交者比起喜欢独来独往的人在精神上要更加积极。职务犯的抑郁情绪，部分来自由于社会角色巨大翻转之后，社会支持从量和质上的急剧下降而导致的个体自我认知中自我否定的情绪加重。“职务犯渴望被关爱和尊重的心理比较强烈。在各类犯罪中，职务犯对家人的感情最强烈。过去有权有势时，家人或多或少都从中受益，在权势丧失之后，家人成为其主要依靠，是经济上和精神上的支持。不少职务犯一谈起家人，思念、依恋、感激的情绪溢于言表。”所以，在职务犯的抑郁情绪治疗过程中，要重视社会支持的作用，从干警到同监舍服刑人员、家人等多个社会支持网的节点上入手，给予关怀和照顾。在管教实践中，结合实际情况，增加其与人群的交往和互动。尤其要避免对有抑郁情绪或症状的职务犯的孤立，防止抑郁情况加重，甚至产生自杀倾向。

运用社会支持理论，对于职务犯的社会支持情况进行测量，并结合抑郁量表，可以找到二者之间的相关性。

阅读材料 5－5：社会支持评定量表（SSRS）

测验简介：在心理学中，所谓的社会支持指的是一个人从自己的社会关系（家人、朋友、同事等）中获得的客观支持以及个人对这种支持的主观感受。社会支持不仅指物质上的条件和资源，也包括在情感上的支持。社会支持评定量表是肖水源等心理卫生工作者在借鉴国外量表的基础上，根据我国的实际情况，自行设计编制的，帮助人们对自己的社会支持有一个全面的评定。测验使用的是自测法，也就是请您对自己的各个健康指标做一个主观评定。

职务犯社会支持评定量表

姓名：　　　　性别：　　　　年龄：　　（岁）

文化程度：　　　　职业：　　　　婚姻状况：

原住址和工作单位：

填表日期：　　年　　月　　日

指导语：下面的问题用于反映您在社会中所获得的支持，请按各个问题的具体要求，根据您的实际情况来回答。谢谢您的合作。

1. 您有多少关系密切，可以得到支持和帮助的朋友？（只选一项）

（1）一个也没有　　（2）1～2个

（3）3～5个　　（4）6个或6个以上

2. 近一年来您：（只选一项）

（1）和其他普通罪犯住在一起。

（2）和其他职务犯住在一起。

（3）其他情况，______________

3. 您的家人：（只选一项）

（1）定期按时来探望，非常关心您。

（2）不定期来探望，比较关心。

（3）很少来探望，不太关心。

（4）从来没有来探望过，根本不关心。

4. 您与同犯：（只选一项）

（1）相互之间从不关心，只是点头之交。

（2）遇到困难可能稍微关心。

（3）有些同犯很关心您。

（4）大多数同犯都很关心您。

5. 从家庭成员得到的支持和照顾（可选多项）

无　　极少　　一般　　全力支持

A. 夫妻（恋人）B. 父母

C. 儿女　　D. 兄弟姐妹

E. 其他成员（如嫂子）

6. 过去，在您遇到急难情况时，曾经得到的经济支持和解决实际问题的帮助的来源有：

（1）无任何来源。

（2）下列来源：（可选多项）

A. 配偶　　B. 其他家人　　C. 朋友

D. 亲戚　　E. 同事　　F. 工作单位

G. 党团工会等官方或半官方组织

H. 宗教、社会团体等非官方组织

I. 其他（请列出）

7. 过去，在您遇到急难情况时，曾经得到的安慰和关心的来源有：

（1）无任何来源。

（2）下列来源：（可选多项）

A. 配偶　　B. 其他家人　　C. 朋友

D. 亲戚　　E. 同事　　F. 工作单位

G. 党团工会等官方或半官方组织

H. 宗教、社会团体等非官方组织

I. 其他（请列出）

8. 您遇到烦恼时的倾诉方式：（只选一项）

（1）从不向任何人诉述。

（2）只向关系极为密切的1~2个人诉述。

（3）如果朋友主动询问您会说出来。

（4）主动叙述自己的烦恼，以获得支持和理解。

9. 您遇到烦恼时的求助方式：（只选一项）

（1）只靠自己，不接受别人帮助。

（2）很少请求别人帮助。

（3）有时请求别人帮助。

（4）有困难时经常向家人、亲友、组织求援。

10. 对于团体组织活动（如体育比赛、文艺活动等），您：（只选一项）

（1）从不参加　　（2）偶尔参加

（3）经常参加　　（4）主动参加并积极活动

量表计分方法：第1~4、8~10条：每条只选一项，选择（1）（2）（3）（4）项分别计1、2、3、4分，第5条分A、B、C、D四项计总分，每项从无到全力支持分别计1~4分，第6、7条如回答“无任何来源”则计0分，回答“下列来源”者，有几个来源就计几分。总分：即十个条目计分之和。客观支持分：2、6、7条评分之和。主观支持分：1、3、4、5条评分之和。对支持的利用度：第8、9、10条评分之和。

该量表用于测量个体社会关系的3个维度共10个条目：有客观支持（即患者所接受到的实际支持），主观支持（即患者所能体验到的或情感上的支持）和对支持的利用度（支持利用度是反映个体对各种社会支持的主动利用，包括倾诉方式、求助方式和参加活动的情况）3个分量表，总得分和各分量表得分越高，说明社会支持程度越高。

第三节 职务犯积极情绪的利用

一、激发职务犯的积极心理

一般情况下，我们会认为服刑人员的心理情绪以消极、负面的为主，而忽略服刑犯人自我心理调节能力和自我精神力量的发掘。所以，在本节，我们将利用积极心理学的相关知识，设定相关的心理活动，来激发职务犯改造过程中的积极心理，形成改造的动力。“积极人格特质主要是通过对个体各种现实能力和潜在能力加以激发与强化，当激发和强化使某种现实能力或潜在能力变成一种习惯性的工作方式时，积极人格特质也就形成了。积极人格有助于个体采取更有效的应对策略，这方面具体研究了 24 种积极人格特质，包括自我决定性、乐观、成熟的防御机制、智慧等，其中引起关注较多的是自我决定性和乐观。积极心理学家认为培养这些特质的最佳方法之一就是增强个体的积极情绪体验。”对于职务犯来讲，多数职务犯能够在半年左右的适应期后，调整自己的心态，将“减刑出狱”作为自己的主要目标，调动自己的积极性，为实现这一目标而努力。

积极心理的治疗原理就是通过激发人的认知能力和情感能力，形成积极的情绪状态，指导行为方式的改变。

（1）激发人的认识能力，通过对感知觉能力、理性思维能力、社会学习能力和灵感能力的改善，激发人们对于自我和客观存在的整体认知能力。对自己和周围世界的关系进行合理的归因和解释，保持因果的合理一致性。

（2）激发对象爱的能力，也就是激发对象的积极情感能力。积极心理治疗着重处理四种基本关系：与自我的关系（真实的自己与自我意识的关系，也即能否达到自我同一性）、与他人的关系（自己与周围单个个体的关系）、与群体的关系（主要指自己与利益集体、社会群体甚至整个人类的关系）和与原始我们的关系（主要指自己与宗教、世界观和生活哲学的关系）。在实践中，要利用积极的情感来消解消极的情绪，或者根据患者的情况挖掘积极的情感成分，将激发人的积极情绪作为最重要的治疗目标，并通过内在的改善使病人得到自我恢复和自我实现。

二、发掘职务犯的积极情绪

【播放音乐：周杰伦《蜗牛》】

该不该搁下重重的壳
寻找到底哪里有蓝天
随着轻轻的风轻轻地飘
历经的伤都不感觉疼
我要一步一步往上爬
等待阳光静静看着它的脸
小小的天有大大的梦想
重重的壳裹着轻轻地仰望
我要一步一步往上爬
在最高点乘着叶片往前飞
小小的天流过的泪和汗
总有一天我有属于我的天
我要一步一步往上爬
在最高点乘着叶片往前飞
任风吹干流过的泪和汗
我要一步一步往上爬
等待阳光静静看着它的脸
小小的天有大大的梦想
我有属于我的天
任风吹干流过的泪和汗
总有一天我有属于我的天

【解析】周杰伦的《蜗牛》是一首积极向上的具有正能量的歌曲，曲风柔和且不失坚韧和向上的精神，对于在狱服刑人员来讲，具有很好的引导作用。服刑期限的漫长，对于职务犯来讲，需要完成心理上的适应过程，而且要逐步形成心理支持，否则漫漫服刑路，对于服刑人员来讲，是痛苦的心理煎熬。这首歌以舒缓抒情的方式，传递着一种不屈不挠的精神，可以缓解其情绪上的焦虑，分散其由于刑期漫长、社会支持缺乏等造成的抑郁情绪，找到生活的希望，形成脚踏实地、认真改造、早日重获自由的正确心态。

三、积极心理小故事

【相信自己是一只雄鹰】有一处地势险恶的峡谷，涧底奔腾着湍急的水流，而所谓的桥则是几根横亘在悬崖峭壁间光秃秃的铁索。一行四人来到桥头，一个盲人、一个聋子，以及两个耳聪目明的正常人。四个人一个接一个抓住铁索，凌空行进。结果呢？盲人、聋子过了桥，一个耳聪目明的人也过了桥，另一个则跌下深渊丧了命。难道耳聪目明的人还不如盲人、聋人吗？是的！他的弱点恰恰源于耳聪目明。盲人说："我眼睛看不见，不知山高桥险，心平气和地攀索。"聋人说："我耳朵听不见，不闻脚下咆哮怒吼，恐惧相对减少很多。"那个过了桥的耳聪目明的人则说："我过我的桥，险峰与我何干？激流与我何干？只管注意落脚稳固就够了。"

【解析】积极地面对周围的环境，不要被一时的外在环境所困扰，要知道，那是自己可以克服的。回顾自己奋斗历程中攻难克险的经历，一时的困境又何妨？唯有一颗坦然面对而又积极进取的心才可重现人生的光彩。

【人生四个字】有一位精神病学家，执业多年，获得了很大的成功，在精神病学界享有很高的声誉。他数年前将要退休时，发现在帮助自己改变生活方面最有用的老师，是他所谓的"四个小字"。头两个字是"要是"。他说："我有许多病人，把时间都花在缅怀既往上，后悔当初该做而没有做的事，'要是我在那次面试前准备得好一点……'或者'要是我当初进了会计班……'"在懊悔的海洋里打滚是严重的精神消耗。矫正的方法很简单：只要在你的词汇里抹掉"要是"二字，改用"下次"二字即可。应该向自己说："下次如有机会我应该如何……"

【解析】进入牢狱，多少人悔不当初。经过了最初的反省和忏悔之后，更为重要的是在未来不犯同样的错误。人生最浪费时间的莫过于懊悔。千万不要老是惦念已往的过错，当你又在后悔既往时便对自己说："下次我不会再做错，我会用未来的真诚和努力来弥补自己曾经的错误。"

阅读材料 5-6：【团体活动】树上还有什么

【活动地点】室内

【活动材料】白纸，彩笔，小纸条（最好彩色）

【活动人数】10人左右

【活动过程】

（1）主持人将白纸和彩笔分发给活动参与者。

（2）主持人陈述活动第一步骤要求：每个人在自己拿到的白纸上，用笔画下一棵树，同时在树上贴上写好的纸条，每个纸条上写上自己曾经拥有的东西。以五分钟为限。

（3）主持人陈述活动第二步骤的要求：每个人思考自己入狱以后失去的东西，然后将相应的纸条拿下来。看看最后树上还留下什么。

（4）请小组成员分享自己的树上还留有什么东西，并陈述这些东西对于自己的价值和意义。

阅读材料 5-7：积极心理学书目推荐

（1）《象与骑象人》，作者乔纳森·海特是一个学贯中西的学者，也是积极心理学专业领域的先锋之一。《象与骑象人》可以说是他多年来思想经验的一个总结，是一本不折不扣的智慧之作。通过古老观念和现代理论进行对比，作者本人对于幸福提出了10个假设。

（2）《积极情绪的力量》，作者芭芭拉本人是北卡罗来纳大学教授，积极心理学领军人物之一，当时她被授予坦普尔顿奖。

（3）《专念》，在哈佛著名的心理学家埃伦·兰格教授看来，我们随着年龄的增长，越来越容易被经验主义所桎梏，陷入“潜念”的状态当中。“潜念”无所不在，本书详细介绍了“潜念”是什么，“潜念”从何而来，并教授读者如何突破“潜念”的状态，拥有“专念”，更好地驾驭自己的生活。

第六章

职务犯适应障碍与矫治

适应障碍是个体对于环境变化之后的应激反应，表现在生理、心理和行为等多方面。在生理上可能会出现失眠多梦、血压升高、心律不齐、眩晕震颤、食欲下降或者暴饮暴食等应激症状，在心理上可能会出现幻听幻视、焦虑、抑郁、易怒、敌视、自卑、自我评价降低等认知、情绪和意志方面的问题，在行为上可能会出现攻击性增强、退行性行为、疑病等。对于入狱的职务犯来讲，入狱初期对于陌生的监狱生活和未来漫长的刑期会产生明显的恐惧和焦虑情绪，对于入狱初期的职务犯的心理矫治，应当以稳定情绪、引导认知为主；在服刑期间，职务犯可能会因为年龄、身体健康、家庭关系、狱中关系等问题引起心理上的波动，对于这一阶段的职务犯，应当以树立正确的生活目标为重点；对于临出狱的职务犯，应当在矫治过程中，帮助其完成回归正常社会生活之前的心理重构，包括出狱后可能会面临的负面评价和一些实际问题。

第一节　入狱初期适应障碍与矫治

一、职务犯入狱初期适应障碍

适应障碍是一种短期的轻度的烦恼状态和情绪失调，可能会影响个体的社会功能。适应障碍一般发生在环境的急剧变化给个体带来的心理冲击，一般是在应激时间发生之后所引起的心理变化，带有消极情绪应激因素的事件的发生，给个体带来了认知、情绪和行为上的变化。

职务犯入狱适应障碍的应激源一般有多个，如社会地位的落差、社会角色的落差、社会负面评价的压力等。表现症状通常有焦虑不安、烦恼、抑郁、无力感、胆小怯懦、注意力难以集中、惶惑、易激怒或者心慌、震颤等躯体性症状。

加强职务犯入狱初期的认罪和悔罪教育、法制教育、监规教育和身份意识教育是职务犯入狱必须适应的内容。职务犯罪的深层次原因之一就是人生观和价值观的扭曲，对职务犯罪加强思想政治教育和悔罪教育是职务犯改造和矫治的关键。在职务犯入狱之初，要按照普通服刑人员标准落实入监教育的时间和内容，根据司法部《监狱服刑入狱行为规范》对职务犯进行考核，强化其行为规范，切实从思想上和行为上铲除职务犯入狱前不切实际的幻想，比如希望特殊照顾、特别关照等。

二、职务犯入狱初期心理矫治实践

阅读材料　6-1:【团体活动】我为什么到这里来

第一个环节：通过讲解和讨论，帮助团体成员认识“蜕皮”和“抗拒”。

由入狱新犯分享《我为什么到这里来?》，其他组员可以对他分析的内容进行评价，尤其是分享内容中对于自我认知的部分。

主持人可以通过观察参与者的躯体姿势、手势等躯体语言，诱导当事人察觉阻碍自身活力发挥的身体感受，鼓励他们在现时的治疗过程中表达那些以前从来没有直接表达出来的体验。

【解析】佩尔斯把成人的人格发展比作剥洋葱皮的过程。即对个体来说，要先蜕掉五层神经症的皮，才能祛腐生新，达到心理成熟。这五层神经症的皮分别是：虚伪层（phony layer，即以刻板的不真实的方式对别人作出反应）、恐惧层（phobic layer，回避因看到自身那些曾予以否认的方面而产生的情绪痛苦）、僵滞层（impasse layer，自我成熟处于停滞状况）、内向爆发层（implosive level，触及自己内心的麻木感，暴露出自己的防卫，开始与真实自我接触）、外向暴露层（explosive layer，摆脱了伪装，释放出因掩盖自己的真实面目而被抑制的巨大能量）。要剥开上述妨碍成长的“洋葱皮”，就必须打破当事人建立起来用以保护自己免于以充分真实的方式体验现实的抗拒手段。通常，这些抗拒形式有：内射（introjection，指不加批评地吸收与我们自身并不协调一致的方式，不加批判地接受别人的观点和标准的倾向）、投射（projection，与内射相反，经由投射，我们否定与自身形象不一致的某些方面，并移花接木地摆在别人身上）、反转（retroflection，指我们转而对自己做出那些我们原想对别人做的事情）、聚合（confluence，指把对自我与环境之间的区别意识弄得模糊不清，认为内心体验就是外在的真实世界）、转向（deflection，指通过抽象的概化、发问而非陈述等方式阻断察觉，以及逃避维持持久的人际接触）。

阅读材料 6-2

第二个环节：双椅对话实验。

具体做法：安排两张空椅子，请当事人坐在其中的一张椅子上，用平时自己习惯的语气和句式表达自己对刚入狱（如被纳入治疗的某个问题）的看法和感受（如害怕），然后，换坐另一张椅子，表达与上述表现相反的观点和情感。换另外话题（如自卑与自信、温和与愤怒、报复与宽容、抗拒与接纳、进取与退缩、自卑与自大、严肃与活泼、是与不是、应该与不应该、自己与父母、丈夫与妻子、自己与某物品等），使这种对话反复进行多次。

主持人可向当事人提出下列一些问题："你现在正体验着什么?""你在说话时，正想些什么?"引导当事人描述他成为另一角色时的感想。这种训练的目的不是要摆脱那些极性中的任何一方，而是要接受和整合这些不同的极性倾向，使当事人意识到他既具有这样的性格，也具有那样的性格；既可以是那样的人，也可以是这样的人，完全没有必要极力否定和掩盖人格的另一面。

【解析】格式塔理论认为，心理的内在冲突与人格的两种相反的极性倾向的分离相关。一般来说，人的自我概念排斥对我们内心深处的两极倾向的痛苦察觉，拒绝或否定看到自身中那些我们不愿接受为自己的内容，特别是那些为社会所禁忌的观念和情感。采用幻想式自我对话实验可以促进当事人对自己内在分离的两种倾向的察觉，看到曾一直花大力气对自己和对别人保持神秘的内容，最终促进人格的整合。

阅读材料 6-3

第三个环节：角色翻转训练。要求每一个参加成员用语言和非语言的形式，轮流表演他们自己平时很少或从不表现出来的另一面。如让谦让的人表演霸道者的言行，殷勤的人表演懒惰者，温柔的人表演凶恶者，武断的父亲表演委屈的儿子，自卑的人表演自大者，外表坚强的人表演软弱无力者、爱奉承别人的人表演一些挖苦别人的言行等等。通过这种训练使当事人与潜意识中那些被埋没和拒绝的另一面进行接触，从而实现人格的整合。

阅读材料 6－4

第四个环节：句型替换训练。

我们可以通过一些句型替换实验来促进其人格的转变，具体做法是：①用“我……”的句式取代“他……”的句式；②用“我……”的句式取代“你……”的句式；③用“我知道……我选择……”的句式取代“我知道……但……”的句式；④用“我不愿……”的句式取代“我不能……”的句式；⑤用“我选择……”的句式取代“我应当……”的句式。⑥用“我能做些什么……”的句式取代“为什么……”的句式。这些句式的替换练习也可以促进当事人对自己在现时问题上责任感的察觉。

【解析】 格式塔理论认为，一个人内在的人格特点常常投射在其习惯的语言表达的模式中，因此，我们可以经由对我们自己外在的言语习惯的关注，来增进对自己人格特征的察觉，使我们更接近自我。经验表明，那些自卑者和各种神经症患者常常有一些具有特征的句式，而这些句式会对其人格产生潜移默化的影响。

阅读材料 6－5

美国前总统罗斯福年轻时因为小儿麻痹症患有腿疾。一天他在楼梯上用手臂支撑身体锻炼行走，累得满头大汗，有人看见了就取笑他，他却一字一顿地说：“我必须面对耻辱。”

从原来具有较好的社会地位和社会评价的“精英群体”沦为被人人侧目的阶下囚，这样的心理转换对于职务犯来讲，是一个非常艰难的过程。应当在职务犯入狱适应阶段，加强身份角色教育，使其深刻地认识到自己之所以被剥夺自由，囿于高墙，从根本上来讲是自己的行为违背了社会的规范而必然要承受的惩罚和后果。作为被改造的对象，职务犯首先要符合监狱服刑人员的身份要求，遵守监狱的规范，遵守服刑人员的行为规范，在法律法规规定的范围内进行劳动改造。从思想到行为，都有所改变，才能够在自我改造和社会改造的双重实践中，修复自我，为将来回归社会争取机会。

在职务犯改造实践中，要避免职务犯在入狱适应期产生心理问题，做好心理矫治教育工作。一方面通过个体咨询、团体训练进行心理疏导，另一方面可以安排改造行为比较良好的职务犯进行帮助教育，发挥朋辈辅导的作用。

第二节　服刑期间适应障碍与矫治

一、职务犯服刑期间适应障碍

对自我和社会环境的认知，是树立人生目标的前提和基础。如何形成正确的自我认知，我们在前述内容中已经有专章叙述。作为职务犯，经过入监教育，应当形成明确的身份认识和对于目前境遇的正确认知。新的生活是从选择正确的方向开始的。一直沉湎于昔日大权在握、呼风唤雨的记忆中，不但不利于自己心态的调整，也会影响未来的生活。另外，过度自卑消沉，也无助于自己新生活的开始。

对于监狱服刑人员来讲，应在调整自我认知和社会认知的基础上，树立短期和长期的生活目标。短期以认真服刑改造，争取早日减刑出狱为目标；长期以洗心革面，重新回归社会为目标。著名心理学家史蒂文·里希曾经说过，将目标分解成若干个可以实现的部分，不但能增加立竿见影的效果，而且能减少付出的代价。

树立人生目标不但要形成心理上的积极暗示，而且要坚定服刑改造的意志，排除目标实现过程中的苦难与障碍。

阅读材料 6－6：【歌曲】《狱中望月》（原唱：迟志强）

月儿弯弯照我心
儿在牢中想母亲
悔恨未听娘的话
儿今成了狱中的人
儿今成了狱中的人
月儿弯弯照娘心
儿在牢中细思寻
不要只是那悔和恨
洗心革面重做人
洗心革面重做人
月儿圆圆照我心
我在狱中想伊人
不知你是否相信我呀
脱胎换骨变新人
脱胎换骨变新人

【解析】在漫长的刑期中、在痛苦的反思中重新找到生活的心理动力、找到自我心理平衡的方式，形成对监狱改造生活的适应，对于职务犯的心理建设来讲，是一个非常重要的任务。对于职务犯心理矫治和改造工作来讲，帮助职务犯重新树立生活目标是关键。

职务犯在服刑改造期间，最为重要的是重新树立正确的人生目标，包括短期目标和长期目标。一方面体现职务犯对于狱中改造生活的正式适应，另一方面作为改造教育的结果呈现。在访谈和调研中发现，在最初入狱阶段，部分职务犯对于自身的罪行认识不够深刻，外归因的习惯思维使得对于自己的判处结果存在抵触心理，部分甚至产生仇视、敌对情绪。经过入监教育的思想教育、行为规范的教育，职务犯一般在4～6个月之后基本适应监狱的生活。进入服刑阶段，职务犯树立正确的人生目标，对于其稳定地度过刑期生活，具有重要的作用。

凡事预则立，不预则废。对于职务犯来讲，如何树立服刑改造期间的人生目标，需要克服三重心理障碍：①正确地认知自我与环境；②人生目标的设定；③排除实现过程中的障碍。

二、职务犯服刑期间心理矫治实践

对于职务犯人生目标的树立，要避免流于表面的说教，要通过具体的具有实践性的活动进行辅导和教育。通过团体辅导或者园艺治疗等方式，可以达到相对良好的效果。

以园艺治疗为例。园艺治疗是“对有必要在身体上和精神方面进行改善的人们，利用植物栽培与园艺操作活动对其社会、教育、心理和身体诸方面进行调整更新的一种有效方法”。园艺治疗通过让人们在一定条件下从事园艺活动，在对植物进行栽种和培植的过程中得到精神的放松和积极心理体验。尤其是植物从萌芽到生长，从开花到结果，是一个对于生命周期和生命认知的深度体验过程，这对于职务犯树立正确的人生观和价值观具有潜移默化的指导性意义。

园艺治疗有以下心理治疗功能：

（1）园艺治疗可以消除不安心理与焦虑情绪。观赏植物的活动，如散步或者眺望，可以使人的心态更加平和宁静。对于长期处于监舍和劳动改造场所的职务犯来讲，生长茂盛的植物象征着生机和活力，可以减轻单调的服刑生活造成的心理压力和疲惫感。

（2）园艺治疗可以增加活动力。在园艺活动过程中，紧张的工作和体力劳动可以使服刑人员暂时忘却烦恼，产生满足感，加快恢复脑力和体力，这一功能类似于运动疗法。经过园艺活动的劳动，可以改善身体机能，缓解失眠症状。

（3）园艺治疗可以活跃情绪。监狱服刑的生活是规律性比较强的，对于服刑时间漫长的职务犯来讲，也是比较单调的。园艺活动中能接触到不同的植物，尤其是花木类植物，绚丽的色彩可以改善服刑人员的心情。一般来讲，红花使人产生激动感，黄花使人产生明快感，蓝花、白花使人产生宁静感。种植和鉴赏花木的过程，可刺激、调节、松弛大脑。

（4）园艺治疗可以抑制冲动。在自然环境中平整土地，栽植花木以及浇水施肥，在消耗体力的同时，还可以抑制冲动，久而久之有利于形成良好的性格。

（5）培养忍耐力与注意力。园艺的对象是具有生命的花木，栽种花木的过程，其实也是进行生命教育的过程。园艺活动时要求慎重并有持续性。例如，修剪花木时应有选择性，播种时则应根据种粒的大小覆盖不同深度的土壤，这些都需要慎重与注意力。因此，长期进行园艺活动，无疑能培养忍耐力与注意力。管理花木的过程可以帮助职务犯引申联想自我成长中的个人修养，譬如，如果不及时地给花木捉虫、喷洒药物，就可能导致花木被病菌或者虫害侵袭，最后导致枯萎死亡，就这一点可以由职务犯结合自己的心路历程谈一下正确的个人观念对于自身命运的重要性。

（6）园艺治疗可以增强行为的目标性和行动的计划性。选择种什么样的植物、希望植物成长到何种状态以及何时播种、何时移植、何时施肥、何时修整，植物种类不同，操作照顾的方式亦不同。园艺活动，必先树立目标，然后制订计划。有条不紊地开展园艺活动，也是一个修身养性的过程。

（7）园艺治疗可以增强责任感。在园艺治疗的过程中，要明确种植者对于所栽植植物的责任，这一养护的过程也是一个培养责任的过程。

（8）园艺治疗树立自信心。待到自己培植的花木开花、结果时，会得到人们的称赞，这说明自己的辛勤劳作得到别人的承认。自己在得到满足的同时还会增强自信心。对于经历过巨大心理落差的职务犯来讲，能够在园艺治疗的过程中重新找到人生的价值和信心。

阅读材料　**6-7：【园艺疗法】我和我的植物**

治疗目标：通过园艺治疗，改善职务犯的焦虑情绪，使其在治疗体验中深化对于人生意义的认识，树立正确的坚定的人生目标。

建议方法：

步骤一：依据条件，由职务犯选取并认领苗圃中的一株或者若干植物，负责管理。

步骤二：定期进行照顾和维护，并根据“园艺治疗进程记录表”记录相关活动情况。

植物的选取：可以有不同色彩的花木，以不同的色彩对服刑人员的心理形成适度的刺激和激发。结合色彩心理学的理论，综合运用不同的色彩形成对服刑人员的心理影响。另外可以考虑观赏性和实用性，尽量避免选择有毒的植物。可以选择具有特殊香味的药草，可以选择多年宿生的草本植物或者多年生的木本植物。

活动的方式：

(1) 活动开展前的心理评估。

(2) 活动开展前的人员筛选。

(3) 活动开展前的辅导教育。

(4) 选取植物，制订计划。

(5) 进行园艺活动，记录活动情况。

(6) 定期交流和分享。

(7) 进行活动后效果评估。

第三节　出狱前适应障碍与矫治

阅读材料 6-8：房、树、人绘画治疗技术

准备：

(1) 可以单独开展，也可以集体开展。

(2) 每次绘画干预治疗持续1~1.5小时。

(3) 治疗周期控制在7周左右。

测试要求：

(1) 画完一部分或者整幅图画后，不能重新画。

(2) 想怎么画就怎么画，但是必须有房子、树和人。

(3) 画人的时候要有具体形象，不能画火柴人。

(4) 画图的时候不能借助其他工具，如尺子等。

(5) 构思时间不超过5分钟。

测试指导语：

“请用铅笔在这张白纸上任意画包括房子、树木、人在内的画；想怎么画就怎么画，但要求你认真地画；不要采取写生或者临摹的方式，也不要用尺子，在时间方面没有限制。画完后请写清楚自己的名字、年龄、文化程度和入狱前的职业。”

测试的记录：

（1）记录绘画的时间：指令结束到开始绘画的时间、每一部分完成的时间、整体完成的时间。

（2）记录画面部分的顺序。

（3）记录描绘过程中的情绪。

询问环节：

（1）关于房子的提问。

（2）关于树的提问。

（3）关于人的提问。

分析环节（部分）：

（1）总体印象分析：通过测试过程中被试的直观表现，对于其测试态度进行描述。比如是惊喜忙乱、冷漠、认真、无所谓、生硬不合作、敷衍了事还是不安散漫等等。

（2）画面的远近感：如果过分远离，说明被试具有过度批判、焦虑不安和自卑感；如果没有远近说明没有远近感，心理成熟度比较低；如果远近适当，说明具有计划性和现实感。

（3）画面大小分析：如果画面过小，不超过画面的1/3，说明被试内心对于环境的压力感知比较大，消极、自卑情绪比较明显；如果画面过大，超过画面的2/3，说明被试内心紧张感强、好幻想、强调自我存在感。

（4）绘画笔画压力与线条的浓淡：笔迹过重，说明心理紧张，有潜在的病态人格的可能性。笔画压力过重，说明精神动力高，自我主张，过于自信。轮廓线浓重的表明努力统合自我人格，体验到自我内心的紧张感，自我意识强，反之，则说明精神动力低，自卑、无助、抑郁、焦虑等消极情绪比较明显。

【解析】

房、树、人绘画测试始于20世纪40年代末John Buck的研究实践，通过观察被试在绘画房、树、人的行为，来分析被试的心理状态。在测试时，对被试没有指示性的要求，被试可以按照自己内心对于房、树、人的理解进行绘画。

从被试的绘画中可以反映出其在描绘过程中的情绪状态，而且可以反映出他们的喜怒哀乐和人际关系等各个方面。房、树、人其实是被试对于现实世界一些事物的投射、反映或者象征。

一、职务犯出狱前适应障碍

阅读材料 6-9:【歌曲】《从头再来》(陈涛作词　王晓峰作曲　刘欢演唱)

昨天所有的荣誉，已变成遥远的回忆。
辛辛苦苦已度过半生，今夜重又走入风雨。
我不能随波浮沉，为了我挚爱的亲人。
再苦再难也要坚强，只为那些期待的眼神。
心若在梦就在，天地间还有真爱。
看成败人生豪迈，只不过是从头再来。
昨天所有的荣誉，已变成遥远的回忆。
辛辛苦苦已度过半生，今夜重又走入风雨。
我不能随波浮沉，为了我挚爱的亲人。
再苦再难也要坚强，只为那些期待的眼神。
心若在梦就在，天地间还有真爱。
看成败人生豪迈，只不过是从头再来。

【解析】

对于经过狱中服刑改造，即将期满释放的职务犯来讲，出狱意味着结束失去自由的监狱生活，重新回归社会。但是，面对即将失而复得的自由，面对即将久别重逢的亲人，面对即将重新回归的社会，职务犯的内心是比较复杂的。有的难抑欣喜，精神状态亢奋；有的忧心忡忡，内心充满难言的担忧。对即将结束刑期的职务犯，做好其出狱前的心理辅导工作，尤其是要关注其出狱前的焦虑情绪，并进行有针对性的咨询和辅导，可以帮助其顺利回归社会，实现基本社会功能的恢复。

对出狱前的适应性教育，一般是指针对仍有半年至一年的服刑人员开展心理和社会教育，调整其情绪，改善其对于出狱后生活的焦虑情绪。对于前述出狱前的职务犯可以运用 SCL-90 量表、SAS 量表对其心理情况进行测量，一般对于 SCL－90 量表总分≥160 分，且焦虑因子分大于 2 分，SAS 量表测试结果标准分≥50 分的服刑人员，进行矫治干预。

二、职务犯出狱前心理矫治实践

职务犯对于出狱后的担心主要有以下几个方面：

（1）无法适应社会，无法面对世人的眼光，无法承受各方面的压力。

（2）适应社会的能力，担心还能否以正常人的心态融入社会群体，能否以全新的心态全身心投入新的工作。

（3）担心受他人鄙视、耻笑，担心生活问题。

（4）担心出狱后无法有尊严地生活。

（5）最担心来自社会各方面的歧视，如何有尊严地生活。

针对这一情况，我们可以借助格式塔疗法中的想象进行预演训练，对职务犯出狱前的焦虑情绪进行缓解和治疗。如果当事人能够真正体验到深层的情感，他可能就会发现，无论他对这种情感有着怎样的灾难性的预期，都不过是幻想而不是现实，他并不会因为无助感、恐惧感而被摧毁。因此，体验可怕的情绪反而会有助于他的整合与成长。

【情境预演——想象预演训练】

准备工作：室内拓展场地，有靠背的椅子，简单道具，白板和油性笔。

小组组建：每小组人数控制在 8～10 人。

第一个环节：观察行为预演示范。主持人提出出狱后日常生活中常见的一个情境，如在小区偶遇了解自己的邻居，外出逛街时遇到以前的下属或者同事的情境，或教育子女时遭遇顶撞或者言语冒犯，可以请 3～4 名参加者分别扮演三种行为模式。让参加者学习鉴别回避、攻击和面对三者风格和后果的区别。请参加训练的成员指出每种行为的不同要素，如表达方式、技巧、心情等。

第二个环节：认知重建。主持人讲解认知与行为之间的联系，帮助参加者完成认知重建和自信心的构建，了解自己的不适应行为与错误的观念之间的联系。如常见的认知障碍有“我这样子，别人会怎样想呢?”“他们肯定都在背后对我指指点点的。”“这个人真是没良心，以前我帮了他那么多，现在竟然对我这么冷漠。”依次让参加者发表感想，不断追溯自己焦虑和恐惧的认知来源，并要求回去后记录有关思想进展的日记。主持人有选择性地对日记进行点评。

第三个环节：自我表达训练。①第一轮训练可让每一个参加训练者轮流站起来即席表达自己对将来出狱后面临的问题的应对心态和行为，发言结束时听众均应鼓掌给予鼓励，然后请发言者闭上眼睛，其他成员用举手的方式表示是否给予通过，不能过关者下轮再讲演一次。②第二轮训练以辩论性话题为主，比如将参加者按单双数随机分成正反方两组，每次两人进行辩论表演，其他人观看并以掌声给予助威。

第四个环节：羞恶攻击训练。鼓励成员去尝试一些自己比较有疑虑的事情，挑战神经质恐惧感。练习内容可以是：去邻居家拜访、跟叛逆的子女谈心、出狱后应聘找工作等等。作为配合角色扮演的人，要尽可能多地设置一些障碍性的情境，在做这些事情时，其他成员可以给予点评，使表演者感到一点治疗性压力。鼓励练习者不要顾及别人的想法和反应，坚持自己想做的事情，并逐渐将在团体训练中取得的经验转移到生活的情境中去。

阅读材料　6－10：褚橙的故事

75岁二次创业，85岁带着褚橙进京，褚时健的精神让众多名人敬佩不已。褚时健，中国最具有争议性的财经人物之一，他曾经是中国有名的“烟草大王”。

1979年，52岁的褚时健成为玉溪卷烟厂厂长。当时的玉溪卷烟厂只不过是一个地区性的小企业，远没有现在有名。当时，褚时健意识到新技术和新设备对企业的未来具有决定性的意义，所以将全厂抵押给银行，最终引进了新设备。1986年，褚时健成为玉溪烟草公司经理和玉溪地区烟草专卖局局长。玉溪卷烟厂固定资产从几千万元发展到70亿元。此时的褚时健，俨然已经成为中国烟草行业教父级的人物。

不过，1995年2月，一封来自河南三门峡的举报信终结了褚时健的烟草生涯。1998年新华社报道称，褚时健的女儿及亲属收受巨额财物。褚时健本人，后来被司法指控贪污和巨额财产来源不明罪。最主要的情节是，他把巨额公款直接划到自己的名下，其中一笔是174万美元，另一笔1 156万美元。

最终，褚时健被判无期徒刑，剥夺政治权利终身。这段时间对于褚时健来说，是黑暗的。他失去的不仅是自由，还有亲情，1995年12月褚时健的女儿在河南的一个牢房留下了一纸“我这样做跟家里、所里的人无关，只是无法忍受何日是尽头的苦难和屈辱”的遗书后自杀。

2002 年，褚时健因为严重糖尿病，被批准保外就医。此时，褚时健已经是位 75 岁的老人。

这一年，褚时健承包了 2 400 亩荒山，这些荒山刚经历过泥石流的洗礼，一片狼藉，当地的村民都说那是个“鸟不拉屎”的地方。诸多困难并没有阻挡他的“疯狂”行为，他带着妻子进驻荒山，脱下西装，穿上农民劳作时的衣服，昔日的企业家完完全全成为一个地道的农民。

这一年，爱好爬山的王石来到了云南，特意抽时间专程去看望褚时健。王石当时感慨地说：“我非常受启发。褚时健居然承包了 2 000 多亩地种橙子。橙子挂果要 6 年，他那时已经 75 岁了。想象一下，一个 75 岁的老人，戴一个大墨镜，穿着破圆领衫，兴致勃勃地跟我谈论橙子挂果是什么情景。2 000 多亩橙园和当地的村寨结合起来，带有扶贫的性质，而且是环保生态。虽然他境况不佳，但他作为企业家的胸怀呼之欲出。我当时就想，如果我遇到他那样的挫折、到了他那个年纪，我会想什么？我知道，我一定不会像他那样勇敢。”

这些年，80 多岁的褚时健每个月下地 8 ~ 10 天，对果园管理盯得非常紧，严格管理。

6 年后，第一批褚橙挂果，口感偏酸，并不好吃。在四处求教和钻研书籍后，褚时健改善了种植方法。在褚时健看来，最好的橙子不应该仅仅只有甜味，还应该带有一丝微酸，果汁停留在嘴里的时候，能够活灵活现地让人感到一种自然滋味，“水分也要充足，果皮也要能够用手剥开，这才是一个好橙子”。经过摸索，褚橙的酸甜比保持在符合中国人口味的“1 : 24”。

创造出中国口味的褚橙 2010 年上市，很快就风靡昆明大街小巷。当时有媒体报道称，“褚橙”12 ~ 13 元 1 公斤的出厂价，比昆明市面上 10 元 4 公斤的普通橙子高出数倍，可是不出云南省就卖完了。这几年，云南市面上其他大小品牌的橙子，都会避开“褚橙”上市。

2012 年和 2013 年，“褚橙”先后通过电商走进北上广三大城市，“励志橙”受到了众多网友的热捧，北上广更是上演排着队购橙的盛况。

“褚橙，是一种境界。”“尝的都是精神呀！”网友们热议。

附录1　职务犯阅读治疗推荐书目

1. 牛顿——《自然哲学的数学原理》。没有牛顿，就没有近代科学。牛顿第一次表明人可以像上帝那样洞察世界的奥妙，这种思想在思想史上是空前的。

2. 达尔文——《物种起源》。达尔文的伟大之处，就在于从不变的事物中找到变化，从没有联系的事物中找到关系。

3. 弗洛伊德——《梦的解析》。梦是最一般的心理现象之一，也是各种迷信和预言的来源之一。弗洛伊德主要功绩在于理性地把梦作为一种对象来研究，并得出划时代的发现——潜意识。弗洛伊德指出，人并不是自己行为和精神的主宰，他在很大程度上受潜意识控制。

4. 欧几里得——《几何原本》。除了《圣经》以外，没有任何其他著作有这么多人阅读、学习和研究，正是《几何原本》把数学变成脱离实际的纯粹数学，并且对于近代科学有着不可替代的作用。

5. 亚当·斯密——《国富论》。用科学的方法对经济体制运行规律进行研究，亚当·斯密发现了任何时代、任何社会运行的主要矛盾——公平与效率。

6. 马尔萨斯——《人口原理》。两个世纪以来，马尔萨斯可以说被攻击得体无完肤。不过，即便他的每一句话、每个数据都是错的，其精神实质总是得到辉煌的证实。

7. 卡逊——《寂静的春天》。同《人口原理》一样，《寂静的春天》是人类对自己的生存状况提出严重警告的警世之作，在它出版四十多年之后，“环境”已经成为最流行的热门词条之一。

8. 马克思，恩格斯——《共产党宣言》。这是一部气势磅礴的作品，同时它又是具有深刻思想的理论著作，两者的结合成就其非凡的影响。它是共产主义的“圣经”，真正影响了千百万人的思想和行动。

9. 《论语》，代表中国文化的首屈一指的著作。其核心思想在于人和人之间有差别、不能平等，这也是两千五百年来中国文化的核心。许多古代文化消亡了，而中国文化却在变化中存续下来，这可能是孔子和他的《论语》的功劳。

10. 孙武——《孙子兵法》。它是中国也是世界上最早以及最有影响的军事理论著作，它同儒家思想共同塑造了中国传统文化，而这种思想完全深入到现代人的思想之中。《孙子兵法》提供的"计谋"形成中华民族两千五百年来斗争哲学的主导技术，但单纯技术观点并不能带来胜利，许多情况下还会遭到失败。

11. M. 韦伯——《新教伦理与资本主义精神》。M. 韦伯是20世纪最伟大的社会科学家，从某种意义上讲可以与马克思相提并论。马克思侧重经济基础，而韦伯强调意识形态，特别是宗教的作用。在一个片面强调竞争、优胜劣汰、尔虞我诈的社会中，理性的经济伦理——诚实、信任、责任、互惠是多么难以建立起来。而这就是韦伯的新教伦理学说的重要意义。

12. J. S. 穆勒——《论自由》。"自由"是一个美丽的字眼，但不少人对它只是泛泛而谈，许多人批判它更是偷换概念、言不及义。穆勒的《论自由》是迄今为止论述社会自由最重要的著作，也是第一批介绍到中国的世界名著。

13. 孟德斯鸠——《论法的精神》。法律是人类最古老，也是最普遍的建制之一。历史上的许多政治理想和社会大同的思想，最终只有通过法律才能被落在实处。所以历代思想家对法律多有思考，但他们往往从某一角度出发，而带有一定的局限。本书是第一部系统的法学巨著，其核心在于法律至上和三权分立学说。这不仅在历史上有着重大作用，而且在今日仍有不可忽视的影响。

14. 卢梭——《社会契约论》。启蒙运动时期是一个思想大解放的时代，它与工业制度的结合是社会现代化的两个动力。卢梭是法国启蒙运动时期最有影响的思想家；但时至今日，人们对卢梭仍有许多误解，不是认为他的思想和其他人差不多，就是认为他十分激进。仔细研究一下他的思想，会发现他有许多独创之处。

15. 柏拉图——《共和国》。世界哲学归根溯源只有两种，其中之一是希腊哲学。了解希腊哲学，首先要谈柏拉图。柏拉图的伟大之处就在于他把哲学提高到一个新的境界：哲学不是那种空洞言词的游戏，也不是宗教和意识形态的教条。哲学要对一般概念和理论进行发挥和论证。

16. 亚里士多德——《工具论》。亚里士多德是许多学科的开创者。与柏拉图不同，他是学科的体系化者；后来许多哲学、科学体系的建立是以他的体系为模式来做的。《工具论》是亚里士多德的逻辑论文的汇编。逻辑和语言一样，平时感觉不到它有多重要，而只有在思想混乱时才感到其必不可少。逻辑是整理思想和知识的框架，没有它，理论和科学都无从产生。

17. 薛定谔——《生命是什么》。20 世纪生命科学最重要的事件是分子生物学的产生，分子生物学来自沃森和克里克的 DNA 双螺旋模型。而这两位科学家恰巧都受到薛定谔这本小册子的深刻影响，他们的成就，使其后五十年生物学完全改变面貌，而且还将在下一个五十年、一百年改变世界的面貌。

18. 维纳——《控制论》。该书实际上预示了第二次世界大战以后一整套新学科的产生。控制论所包括的内容十分庞杂；20 世纪晚期发展起来的一套理论，如非线性科学、混沌理论、复杂性理论、人工生命等都直接或间接地与控制论特别是维纳的思想有关。

19. 威尔逊——《社会生物学：新的综合》。正如威尔逊所说，社会生物学的主要目的是建立一个普遍理论，使之能够依据群体的各种参数关系以及由物种遗传结构所产生的行为在受到制约的情况下，来预见社会组织的特征。显然，这在理论上是一个非常大胆的尝试。正如达尔文一样，只要把动物同人类联系起来，终将会受到挑战。

20. 莎士比亚——《哈姆雷特》。莎士比亚对人的本质的洞察上升到了哲学的高度。从古到今，人最感兴趣的问题还是人本身，人希望认识自己；而这恰巧是人本主义或人文主义的实质。但人是复杂的，这种认识也不是一蹴而就的，所以文艺作品为我们提供了一个最佳的场所。

21. 陀思妥耶夫斯基——《卡拉马佐夫兄弟们》。陀思妥耶夫斯基是作家当中最伟大的思想家。如果说，“文学是人学”，那他就是人类心灵最为深刻的探索者。或许，是人心的洞察者。俗话说“人心叵测”，这似乎有贬义，但人心的确难以用科学的方法、理性的方法来度量，而文学作品却可以弥补科学的不足。

22. 边沁——《道德与立法原理引论》。边沁在国内不大为人所知，但不少人对他的“功利主义”应该有所耳闻。边沁的功利主义主要问题在于他过于强调个人幸福与公共幸福的一致性，而且认为事在人为，总可以使其一致。虽然边沁的每一种理想都遭到许多反对，但是在英国本土却渐进地得到贯彻，这也许是 19 世纪英国得到和平发展的原因所在。

23. 歌德——《浮士德》。歌德用“古典的”形式创造一个崭新的，完全属于新时代的理想的人。在浮士德身上，最主要的是一种求知无尽的探索精神，这种精神可称之为浮士德精神。正是这种精神成就了西方的科学昌明与文化鼎盛的时代。

24. 塞万提斯——《唐·吉诃德》。名著的伟大之处在于它有助于精神的提升，精神提升的关键在于对人生意义的认同。唐·吉诃德和他的仆人桑丘以及书中的其他人物对每个读者来说都不陌生，一个人在他生活中，总会遇到类似的人物和情景。除了技术进步之外，你会发现现代的人性与塞万提斯描写的 16 世纪的人性与非人性何其相似乃尔。

25. 凯恩斯——《就业、利息和货币通论》。不管你相信不相信，资本主义在 20 世纪的发展得归功于凯恩斯，战后经济学的理论框架也是他奠定的。

26. 凡勃仑——《有闲阶级论》。凡勃仑是一位另类的思想家，他把人按"闲暇"来分类，分成有闲阶级和无闲阶级。由于有闲阶级越来越成为现代生活中十分重要的因素，有必要对有闲阶级的地位和存在价值做一番探讨。

27. 罗尔斯——《正义论》。1971 年出版。其中讨论的主题没有一样是新的，都是启蒙运动时期的问题，但是，他却是在新的环境之下对之加以考虑的。换句话说，这本书标志着道德哲学由现代到后现代的转变。

28. 冯·诺伊曼，摩根斯坦——《对策论与经济行为》。冯·诺伊曼的方法标志着数理经济学新时代的开始。他的方法证明，现代数学的公理思想、抽象的概念对于实际问题一样有着巨大的应用价值。他的哲学观点预示着未来数学家的工作可以在极其广泛的领域中选择课题进行研究，对策论与经济学的结合已经取得重大进展。

29. 汤因比——《历史研究》。今天的新闻就是明天的历史，有识之士总要考虑当前与过去的关联，将来的发展趋势等等；而这就需要通过学习和研究历史，建立一种历史哲学或历史观。而史论就是为这些人打造航海罗盘的。汤因比的《历史研究》在众多的史论中占有十分重要的地位，因为它包含大量的理论概括及创新。

30. 布罗代尔——《15 至 18 世纪的物质文明、经济与资本主义》。20 世纪，史学界出现一次大的革命，那就是"年鉴学派"的兴起。年鉴学派反对把历史局限于政治史范围之内，主张研究历史的全貌。布罗代尔就是年鉴学派第二代的代表人物，由于他的工作，年鉴学派在二战后占主流地位，其影响也从法国扩大到全球。

31. 罗素——《自由与组织》。过去的历史哲学也许能指明历史发展的方向和动力，但无法预测历史发展的速度。而19—20世纪与以往历史的不同之处正好在于速度的变化。罗素的高明之处就在于他能指出影响这种变化的因素。

32.《文明的冲突与世界秩序的重建》。在21世纪，各种文明的命运是我们首先要关心的问题。本书就是在历史转折关头反思的结果。亨廷顿害怕伊斯兰文明与儒教文明联手打败基督教文明，但是前两者是不可能结合的，这点上他的判断显然有误。然而文明的冲突是否能造成新一轮的“西方的没落”，却不是没有可能。

33. 加缪——《鼠疫》。从古到今，人类不断面对各种灾难，但他们很少能够对灾难有所准备。这本讲人类如何面对灾难的书创作于希特勒时代，许多人感到无望。在这关键时刻，加缪看到面对灾难的唯一正确态度，就是不要听从命运的摆布，也不要听从权威与利益集团的煽动。

34. 尼采——《查拉图斯特拉如是说》。19世纪两位大思想家对20世纪有着持续的影响：一位是马克思，一位是尼采。这本书是尼采著作的顶峰。它包括尼采过去的一切思想，这些思想可用两个新的概念，即超人和永远轮回来加以贯穿。

35. 波普尔——《科学发现的逻辑》。波普尔说：“经验科学就是理论体系，我们可以把认识逻辑称作理论的理论。”“科学的理论就是普遍的命题。”按照他的学说，科学理论“不是由观察开始，而是由问题开始”。波普尔的整个科学理论的出发点是划界问题，也就是找出一个判据来区别科学与“伪科学”的界限。

36. 托夫勒——《第三次浪潮》。人们对未来有所企盼，但同时又对未来充满恐惧；在一个变化剧烈的世界中有着大量的不确定性，人们希望驾驭它。到20世纪后半期，未来学应运而生。对未来学家的评价首先在于对还没有发生的事或仅仅处于萌芽状态的东西能否作出比较准确的预测。托夫勒做到了这点。他的这本书在1980年出版，而20世纪后20年正是按照这个蓝图来实现的。

37. 萧伯纳——《人与超人》。萧伯纳是仅次于莎士比亚的英国（爱尔兰）剧作家，在世界戏剧史上大致也处于同等地位。他的大部分剧本可以称之为“思想剧”，而其中顶尖之作可以说是《人与超人》，该剧真正表现了萧伯纳自己特有的哲学——生命力哲学。

38. 西蒙——《人工物的科学》。近两百年实验科学的发展给我们带来一个人工的世界；而制造人工物就是发明、仿造、改进、组合直至本书所说的设计。尽管现在设计科学已成为一个专业领域，但未来需要的恰巧是西蒙这样的博家而不是狭窄领域的专家。只有他们才能设计出未来人工物的世界。

39. 泰勒——《原始文化》。“文化”一词在媒体上的运用真是泛滥成灾，可是没什么人对它哪怕有最粗略的界定，是泰勒给他的研究对象“文化”以一个比较确切的定义，他的《原始文化》被公认为文化人类学的奠基之作。表面上看，它是纯学理的研究；然而，自然语言与原始思维对于21世纪人工智能的探讨有着重要意义。

40. 怀特海——《科学与近代世界》。数学在近代科学产生与发展中有着不可替代的重要作用。许多人也知道，也说，但并不理解。这可以说是“新李约瑟疑难”。其实，照怀特海那样研究一下这三百年的历史，就会有八九不离十的答案。

41. 格劳秀斯——《战争与和平法》。格劳秀斯的伟大著作已经问世将近四百年。今天战争与和平仍是世界的头号问题。格劳秀斯已经考虑到对于战犯、损害和战费不加追究以换取有保障的和平。遗憾的是，人们似乎并没有从历史中学会足够的智慧来处理战争的后果。

42. 笛卡尔——《方法谈》。什么是科学精神，到现在仍然是众说纷纭。但是，科学精神一定会导致科学发展，其起点必定是求知的欲望。笛卡尔在《方法谈》一书中一开始就讲述他从学校出来后的20年的探索过程，而且在探索过程中开创出自己独特的理论与方法。这就是笛卡尔哲学体系，其核心是认识论。正是笛卡尔把哲学扭转到了正确的方向。

43. 培根——《论学术的进展》。四百年来，尽管人们早已享受近现代科学所带来的种种福利，然而人们的头脑不一定比古时更少教条、偏见、迷信以及愚昧和疯狂的古怪思想。而培根的伟大贡献正在于列举了四种使人陷于这类错误的“偶象”或幻象。

44. 哈耶克——《通往奴役之路》。哈耶克以经济学家知名，还荣获1974年诺贝尔经济学奖，但是他的政治哲学更有创见，更有影响。他是位彻头彻尾的自由主义者。哈耶克的思想总有点不合时宜，但从长期来看又显得十分深刻。

45. 奥威尔——《1984年》。在20世纪反乌托邦、反集权主义的作品中，谁又能比奥威尔写得更好呢？在他那里，既有卡夫卡的个人处境，又有A.赫胥黎的科技统治，同时还有柯斯特勒的现实主义。《1984年》是一部警世之作，就像马尔萨斯和卡逊的著作一样。

46. 卡夫卡——《审判》。卡夫卡的不朽在于他提出的问题远比他解答的多得多。在《城堡》中他谈到“提问题是主要的”。实际上这就是科学与人生的真谛。思想来源于对问题的探索，探索过程也许比拾取现成答案更有意义。

47. 帕斯卡尔——《思想录》。世界上的问题，特别是人的问题，不确定性或者偶然性是经常起作用的因素。实际上，帕斯卡尔以概率的方法对决定论的世界观提出挑战，不管这种决定论是上帝的决定论还是科学的决定论。这种方法到20世纪发展成为一套随机的决策理论。

48. 尼赫鲁——《印度的发现》。印度同中国一样是世界四大文明古国之一，但我们对印度却知之甚少。要想了解一个民族，最好的办法是了解其历史。尽管印度的历史支离破碎，缺环甚多，但《印度的发现》就是了解印度历史的最好的入门书。

49. 列夫·托尔斯泰——《战争与和平》。托尔斯泰无疑是有史以来最伟大的作家之一。作为大文豪，他的作品足以为他争取到不朽的地位，但作为一个伟大的人，他并不满足。他生命最后30年就是在对人生的一些基本问题的思考中度过的。我们选《战争与和平》，是因为从中可直接看到他的历史思想。历史虽已过去，但无法用刀斧砍去，它依然影响我们的现在，也影响我们的未来。

50. 鲁迅——《阿Q正传》。特立独行不是国人的精神，稍稍离经叛道，不是棒杀，默杀，就是捧杀。无疑，每一套杀法，鲁迅都经过，只是什么时候干什么，随时代的潮涨潮落决定。但是，近百年来中国首屈一指的作家还是鲁迅，而《阿Q正传》是其代表作。

51. 本尼迪克特——《菊与刀》。本书完成于二战刚刚结束时，作者对日本的民族性做了很好的概括。时隔五六十年，书中的观点基本上没过时。我们可以把这点称之为“民族性”的稳定性。无疑，日本过去是、将来也会是一个有影响的民族。

52. 加西亚·马尔科斯——《百年孤独》。对大多数人来说，拉丁美洲仍是个神秘的地区。马尔科斯在这本书中用马孔多来凝缩整个哥伦比亚乃至整个拉丁美洲的命运。愚昧闭塞和混乱是百年不变的内因，而独裁者则是外因。那么“孤独”又是什么意思，作者说“孤独的反义词是团结”，他暗示了出路，但结论令人沮丧：经历了百年，又回到原位，这似乎就是拉丁美洲的命运。

53. 冯特——《民族心理学》。长期以来，对心灵的研究一直是哲学甚至神学的领地，至今心理学是否是科学仍有很多争议。冯特的主要贡献就在于倡导用科学方法研究心理。1879 年，他在莱比锡建立世界第一个心理学实验室，这标志着实验心理学正式诞生，也标志着作为科学的心理学的产生。

54. 李约瑟——《中国的科学与文明》。李约瑟花了毕生精力研究中国古代科学与技术，最后留下了著名的李约瑟疑难：为什么如此先进的古代“科技”，没能产生近代科学？

55. 卡莱尔——《英雄与英雄崇拜》。这本书的种种观点有许多人支持，更遭到很多批判。但正如卡莱尔所说“只要人类存在一天，英雄崇拜就永远不会消亡”。究竟“时势造英雄”还是“英雄造时势”，不是简单用“是”和“否”能回答的问题。随着现代社会的多元化，更提出了“英雄如何从各界脱颖而出”的问题。

56. 蒙田——《随笔集》。一个国家即使有诗、戏剧以及后来的小说，如果没有像样的精美散文，就称不上文学大国。蒙田开创的随笔为散文开拓了最高级的文学形式，而且以其直截了当、言之有物、极富启发性而为它树立了标准和榜样。

57. 列宁——《国家与革命》。列宁系统考察和阐明了马克思和恩格斯在国家问题上的基本理论，由此大大发展了马克思主义理论，并且通过自己的革命实践建立了第一个无产阶级专政的国家。

58. 老聃——《道德经》。世界上影响很大但篇幅最短的书。总的说来，《老子》与《论语》几乎完全不同而且相互补充构成中国传统文化。孔子一直是中国文化的在朝派，而老子则是在野派。老子乃至道家学说最有意义的地方在于给孔子的“理想国”开辟一条精神逃脱的小路。

59. 笛福——《鲁滨孙漂流记》。从某些文化看来，征服自然以及诸如此类的自我挑战是不可理喻的傻事。而这些傻事的背后，却是一种可贵的精神力量，在困境中通过艰苦劳动生活下去的意志以及战胜灾难、孤独的勇气。现代人还是应该以鲁滨孙的精神来保护人类生存环境并且战胜自我。

60. 叔本华——《作为意志和表象的世界》。真正伟大的思想总是要经受时间的考验。批判叔本华的人很多，但批判他最厉害的卢卡奇也不得不承认他的哲学才能。叔本华的原创思想很多，其基础是两大理论：唯意志论和悲观主义，开辟了近两个世纪的非理性思潮。

61. 杜威——《民主主义与教育》。西方哲学几乎全部来自欧洲，只有实用主义哲学是美国土生土长的。实用主义哲学是一种十分灵活、密切联系实际的哲学，它的精神完全反映在教育学当中，而杜威的思想以及后来进步教育的实践对于后来人具有借鉴意义。

62. 贝克尔——《人力资本》。除了人口、环境问题之外，21 世纪最大的问题是健康、教育以及相关的人与社会的发展。通常人们总强调人与人，国与国之间的物质差距；其实，从长远看，精神文化差距才是最大的。而贝克尔的核心思想在于这也需要投资！他还指出除了个人收益之外，也要考虑社会收益，而这也是未来需要深入研究的课题。

63. 熊彼得——《经济发展理论》。熊彼得明确区别发明与创新是他的独特之处。从亚当·斯密到马克思都知道技术发明对经济的重大推动，但熊彼得式的创新完全是“企业家”的事。熊彼得的观点不仅为过去许多技术进步导致创新从而推动经济高涨的事例所证明，更明显地表现在 2000 年，高涨的信息经济突然“泡沫破裂”。

64. 狄更斯——《双城记》。它叙述了法国大革命时代的残酷的阶级斗争。狄更斯再次以悲天悯人的精神，为世界编织出一个善良的人替友赴死的故事。但是，他无法解释历史之谜：这一切究竟为什么发生?

65. 库恩——《科学革命的结构》。库恩对科学哲学的贡献主要是提出了“范式”概念以及常规科学与科学革命的划分。他成为科学哲学中历史学派的开创者。受他的理论影响的主要是社会科学和人文科学领域的学者，这些学者急于要把自己的专业纳入一般科学的框架之中，而这种混合确实起着一定的作用。

66. 罗斯托——《经济增长的阶段》。罗斯托的理论核心是所有国家的经济发展都要经历五个阶段。但由于他的理论是建立在从 1800 年到 1950 年这个阶段的经济基础上，因此在应对后工业社会的情况时有着明显的不足。人口、贫困、发展、失业仍然是 21 世纪经济的大问题。从传统经济到现代化再到全球化仍有漫长的道路要走。罗斯托的研究只不过为增长与发展经济学的研究开了一个头。

67. 马尔库塞——《单向度的人》。20 世纪 60 年代中期，西方发达国家爆发了震惊世界的学生运动。二战以后西方国家的新变化，促使人们重新进行反思。《单向度的人》正是马尔库塞在这方面成熟思考的产物。

68. 维科——《新科学》。维科是 18 世纪到 19 世纪的浪漫主义思潮的先驱。由于当时的主流趋势是应用自然科学方法去研究一切现象，特别是心理的、政治的、经济的、文化的；但是维科第一个明确区分自然科学与人文研究，并认识到文化的多元性，这为比较文化人类学、比较历史语言学、比较历史美学、比较历史法理学等奠定了基础。

69. 伏尔泰——《老实人或乐观主义》。伏尔泰是启蒙运动的旗手。他的哲理小说《老实人》的哲理相当简单，但在任何时代都碰到：不管是自然灾害还是人为苦难，都和上帝无关。人们只有通过理智和正义，努力与邪恶势力斗争，世界才能逐渐变得更为美好。

70. 卡内提——《群众与权力》。本书是卡内提一生体验与不断探索和思考的结果。全书以科学的精神研究了四大主题：群众、权力、死亡、转变，而且把它们紧密地联系在一起。在历史上的确对群众心理学有过一些探讨，不过还没有什么理论研究。卡内提的独到之处在于把权力与死亡联系在一起。他说："幸存之际就是权力在握之际。"

71. 马斯洛——《动机与人格》。时至今日，心理学已经成为极为庞杂的学科体系。在20世纪中期，两个最大的学术派是弗洛伊德的精神分析以及强调科学方法的行为主义学派。而马斯洛倡导了心理学研究的第三思潮，即人本主义心理学。这一思潮强调人有独立人格，有发展自身的潜能，能够自我实现。"自我实现"这个概念就是马斯洛提出并且大大加以发挥的。

72. 曹雪芹——《红楼梦》。《红楼梦》是彻头彻尾的"中国味"。这种"中国味"也许可以从中国诗词、中国书画、中国园林，甚至中国戏曲中体会一二，但《红楼梦》却是全方位的。它是中国（传统）社会的缩影。

73.《诗经》。中国最早的诗歌合集，是中国传统文化宝库中唯美的结晶。

附录2　抑郁自评量表（SDS）

请根据您近一周的感觉来进行评分，数字的顺序依次为：

（1→从无；2→有时；3→经常；4→持续）

（1）我感到情绪沮丧，郁闷	1	2	3	4
*（2）我感到早晨心情最好	4	3	2	1
（3）我要哭或想哭	1	2	3	4
（4）我夜间睡眠不好	1	2	3	4
*（5）我吃饭像平时一样多	4	3	2	1
*（6）我的性功能正常	4	3	2	1
（7）我感到体重减轻	1	2	3	4
（8）我为便秘烦恼.	1	2	3	4
（9）我的心跳比平时快	1	2	3	4
（10）我无故感到疲劳	1	2	3	4
*（11）我的头脑像往常一样清楚	4	3	2	1
*（12）我做事情像平时一样不感到困难	4	3	2	1
（13）我坐卧不安，难以保持平静	1	2	3	4
*（14）我对未来感到有希望	4	3	2	1
（15）我比平时更容易激怒	1	2	3	4
*（16）我觉得决定什么事很容易	4	3	2	1
*（17）我感到自己是有用的和不可缺少的人	4	3	2	1
*（18）我的生活很有意义	4	3	2	1
（19）假若我死了别人会过得更好	1	2	3	4
*（20）我仍旧喜爱自己平时喜爱的车西	4	3	2	1

抑郁自评量表（简称SDS）是1965年仲氏发表的一种病人自己进行抑郁自我评定的量表。此量表简短，一般在十分钟之内就可以完成，不用任何仪器设备，方法简单。由20个问题组成，每一个问题代表着抑郁症的一个症状

特点，合起来，可以反映出抑郁症的抑郁，心情、躯体不舒服的症状，精神运动，行为症状以及心理方面的症状。而且可以判断出抑郁轻重的不同程度及有没有抑郁症状。由于可以判定抑郁程度的轻重，因此，不仅用来进行辅助诊断，还可以用来观察用药后的疗效，是否好转，以及好转的程度，是不是已经恢复正常。

此量表在使用前应注意以下几点：

这是个自我评定量表，因此，要病人或怀疑自己心情不好的人自己评定，别人不要提醒，更不要加以帮助评定或提出意见来改变病人的看法。看不懂内容时，别人可以念出来，由病人自己评价有还是没有，是什么水平。

此量表评定的时间，不是几小时，也不是1~2天内的体会，时间范围一般应该至少是1周的时间，如果是第一次评定，最好是两周的时间为合适。

此量表20个题目中（请先看一下量表），有一半（10个）题目的问题是按症状的有无来提问的，如：“我夜间睡眠不好”。评分时，从无、有时、经常到持续共四个等级，评分从1分到4分，逐渐加重，无——代表没有失眠（1分）；有时——代表一周之内有1~2天有失眠（2分）；经常——代表一周之内有3~4天失眠（3分）；持续——代表天天失眠（4分）。另一半问题，是与症状相反提问的，如“我吃饭像平时一样多”。实际上，抑郁病人有食欲下降的症状，但问题却是反向的，在评分时，从无、有时、经常、持续的四个等级评分，也正好相反，是逐步减轻的，无——代表不是和平时一样多，而且是天天都吃得比平时少，为4分；有时——代表一周内1~2天吃得和平时一样多（3分）；经常——一周内3~4天吃得和平时一样多（2分）；持续——天天吃得和平时一样多，无食欲下降的症状（1分），所以，在进行评定时，千万要注意，是属于正向的还是反向的问题。

此量表最后结果的计算方法如下：先把20个题目综合相加，得出总分，再转换成百分指数，方法见公式：

指数=总分（得分）/总分满分（80）×100

指数与抑郁症状的严重程度的关系如下：指数在50%以下，正常范围（无抑郁症状）；指数在50%~59%，轻度抑郁；指数在60%~69%，中度抑郁；指数在70%及以上为重度至严重抑郁。

此量表虽然可以测出抑郁的轻重程度，却不能判断抑郁的分类，测出有抑郁症之后，应该及时到精神科门诊进行详细的检查、诊断及治疗。

附录3　心理咨询案例报告

对一名罪犯的抑郁焦虑情绪进行心理咨询的案例报告

摘　要：一位在监狱服刑的男性罪犯，因面临离婚这一生活事件，不知如何解决，极度抑郁焦虑的情绪状态影响了正常的改造生活，求助于心理咨询。心理咨询师在收集资料的基础上，初步诊断为应激性情绪障碍。咨询师以认知疗法为主，辅以其他的治疗方法，经过了8次的咨询，历时2个月，帮助求助者理清思路，认识到自己对婚姻的态度及选择，求助者的抑郁焦虑情绪明显减轻，能安心接受改造。半年后再访，情绪稳定，能积极改造，咨询效果明显。

【求助者】

吴某，男，39岁，汉族，大学文化，有个12岁女儿在妻子身边，因犯受贿罪判刑八年，正在监狱服刑。

【求助原因】

求助者的婚姻岌岌可危，因在监狱服刑，正处分居状态，总是想不通"为什么我对她那么好，我吃官司也是为了她，她为什么还要离婚"。民警多次找其谈心，都放不下这种想法，恨妻子不珍惜自己，害怕离婚，放不下多年的感情，也担心女儿在单亲家庭很可怜，分析了一次又一次，仍不知道该不该放弃这段婚姻。情绪低落、抑郁、焦虑、经常失眠、吃不下饭、头疼，十分痛苦。这种状态已有一个多月，影响了他正常的服刑改造生活。求助者主动申请要求咨询。

【问题发生发展过程】

求助者在陕西一个偏僻的农村山区长大，父母都是文盲，家里条件较差，但父母对其要求较严。吴某大学毕业后到苏州某大型外资企业工作，因为不善交际，性格内向，虽然很努力，却不被领导重用，经常自责，感到不如人。工作不久经朋友介绍认识了现在的妻子，刚结婚时夫妻关系较好，有了孩子后夫妻之间因生活琐事开始发生矛盾。妻子经常在单位加班加点，吴某经常回到家没有饭吃，小孩一直是由妻子的父母帮着带，吴某很少过去看望。妻子的父母对他们的婚姻不满意，认为吴某不会处事，没有多大出息，在家不会做家务也不会带小孩，对妻子也不够体贴。在一次激烈争吵后，妻子提出离婚，并搬出住所。吴某一下子接受不了，病了一段时间，病好后时常想起婚后发生的事情，情绪十分低落，但半个月后妻子主动与吴某联系，表示悔意，希望双方能妥善处理此事。从那以后，吴某发奋努力，三十多岁就成为那家公司的高管。妻子也辞去了工作成了全职太太。然而，没过几年，吴某因受贿罪被判刑8年。他们的生活都发生了较大的改变。吴某投送监狱不到一年，妻子就来提出离婚，说她压力太大，等不了他这么长时间，还说吴某以前在外面应酬多，对她和孩子不好。吴某觉得这次吃官司对他打击太大，他对自己的婚姻已经没有了信心，但放不下多年的感情，也不愿女儿变成单亲孩子，更担心离婚对父母的打击会很大。加上自己现在在监狱服刑，今后还要面临再次选择婚姻的困扰，怕找不到合适的对象，即使找到，也担心处理不好婚姻关系。

【观察和他人反映】

中等身材偏瘦，光头，穿着囚服，面色苍白，眼圈有些发黑。情绪低落，动作迟缓，思路清晰，做事有条理，文化程度高并懂一点心理学知识，提到近一个多月的事情会忍不住落泪。希望能找人说说，帮着分析一下，出出主意。

【评估与诊断】

求助者问题的发生、发展，有其家庭环境和教育的影响，更有其不合理的认知、观念和思维方式的偏差。求助者人格的特点表现为内向、比较敏感、高忧虑性、高紧张性、刻意追求完美等。诊断为应激性情绪障碍，主要是抑郁与焦虑。其主要表现是情绪低落、意志行动减退、思维缓慢，同时伴随着不安、烦躁、失眠、坐卧不安、犹豫不决，以及一些躯体症状，离婚与不离婚的冲突常常导致求助者的烦躁不安。求助者的发病诱因十分明显，主要是因犯罪吃官司婚姻生活发生突变，求助者自信心不足，一时间不知如何处理，引发了情绪障碍。

心理测验结果如下：

SDS 粗分：55；标准分：69

SAS 粗分：54；标准分：68

求助者经体检排除躯体疾病。初步诊断为抑郁焦虑情绪发作。

【咨询目标、方案的制订】

在诸多治疗情绪障碍技术中，咨询师认为，对那些文化高喜欢思考并善于表达的求助者，应用认知疗法的效果会更好。尤其是像本案例的求助者吴某，具有较高知识水平，且对心理学有一定认识，非常认可咨询工作，擅于独立思考，对其采用认知疗法能取得更好的效果。认知疗法认为，扰乱人的情绪的，与其说是事件，不如说是人对事件的不正确的认知。就是说人们的行为和情绪，并不是对事件的客观直接反应，而是依照经过人们的认识对其进行整合、加工后而产生的符合自身观念的产物。求助者之所以表现出抑郁焦虑，与其存在诸多相互冲突的认知、观念和思维方式有关。因此，咨询的目标在于帮助求助者认识到自己观念和思维方式中存在的冲突和认识中片面的部分，以及对周围社会支持的看法等，帮助求助者自我成长起来，妥善处理生活事件给自己情绪带来的影响，消除求助者的精神痛苦。短期目标是帮助求助者重新树立自信心，相信自己能妥善处理婚姻关系，将抑郁与焦虑两项因子的测评分值降至正常水平。长期目标是帮助求助者自我成长起来，能正确认识今后的生活事件给自己带来的情绪影响，相信生活会更美好。

双方商定了咨询方案：

（1）确定咨询双方的权利和义务。

咨询师方面：

义务：遵守有关的法律法规、职业道德和保密原则，协助解决求助者的心理问题，完成咨询的目标。

权利：全面了解求助者的心理问题和各方面的情况，有权考虑其是否适合咨询，必要时可转介。

求助者方面：

义务：向咨询师提供真实资料，积极参与探索，完成咨询师布置的作业。

权利：了解咨询师受训的背景和咨询的方法与原理，确认咨询师是否合适自己。

（2）咨询的日程安排与费用：每周一次，每次50分钟。预定进行8次咨询。在咨询进程中，双方可协商调整咨询目标及进程。因是服刑人员，按规定不收费。

【咨询过程】

1. 咨询初期重点

（1）了解心理问题史及相关信息，包括求助者的成长经历及家庭成员之间的关系和教养方式等。

（2）建立良好的咨询关系，采用积极关注、设身处地地理解和真诚帮助的态度，倾听并鼓励求助者倾诉，同时给求助者以信心，让其感到他的问题“并不是难以解决的”。

2. 咨询中期重点

帮助求助者认识其想法和情绪、行为之间的相互关系。主要是与不合理信念辩论。

咨询师先向求助者介绍认知疗法，并教会其使用“自我辩论”的方法，然后找出那些不合理信念。如“夫妻俩相处方式一定要像父母相处的模式”“丈夫每天一定要按时回家”“妻子家人说我的坏话就是挑拨夫妻关系”“丈夫对妻子的关心和爱护一定要主动表现出来”“我为家庭全心全意的付出一定要得到回报”“男人吃官司一切都完了”“离婚又吃过官司的男人第二次婚姻一定是不幸福的”等等。通过自我辩论，形成合理的信念，如“每对夫妻都有自己特定的相处方式”“婚后的夫妻都会保留一定的空间，有一些爱好不是大问题，但要有度”“从小的生活环境不同，形成的习惯不同，妻子家人对自己有一些看法也是正常的”“每个人表达爱的方式不同，有的人擅于表达，有的人不擅于表达”“吃官司的人也不是一无是处”“经历二次婚姻的男人不一定会不幸福”“在监狱改造也可以回报家人”等等。这些都留作家庭作业，要求求助者与其他服刑人员换个角度讨论，同时听其他服刑人员说说在婚姻中的认识和体会，反复练习，不断强化合理信念，并以心得形式记录下来。每次咨询都要了解求助者思维变化的过程，发现问题纠正错误。咨询进行几次后，求助者说：“由于自己本身对婚姻要求完美，比较爱面子，在生活中又不注意细节，失意时喜欢自责，得意时喜欢忘乎所以，平时很少关心妻子心里真正所想的事情，自己又不愿沟通，总希望她能按自己的观念处事，一旦发现双方观念的差异，不愿接纳，开始是用争吵的方式解决，后来妻子被迫顺从，长此以往，造成双方的逆反心态，特别是这次吃官司，对妻子的伤害很大。”求助者对自身也有了进一步的认识，“现在发现妻子其实也有很多优点，这个家庭其实妻子还是有很多功劳的，现在就靠妻子了”。“我可以再和妻子谈谈，我尊重妻子的选择，我不再觉得自己离婚一切都会完了”“我比以前更懂得包容别人了”。其实这主要是求助者思维方式不再单一地认同已有模式，而是更向多元性转化，逐步接纳其他观念及认知的结果。

3. 咨询后期重点

（1）辅之以家庭治疗。

一个人的婚姻发生问题是夫妻双方的行为造成的，妻子和丈夫在家庭中的角色扮演是从小模仿父母在家庭中的角色行为。咨询师征得求助者同意，请他的妻子探监会见时同来咨询了两次。一方面更多地了解求助者的婚姻家庭环境，另一方面寻求家庭支持。从谈话中了解到，求助者妻子对其要求过高，过度注意别人的眼光，比较看重生活得失和面子，生活压力很大。针对这种情况，向他们介绍一些基本的心理常识，纠正其不正确的认知和观念，辅导他们正确对待生活中的得失和面子。经过几次谈话和练习，求助者与妻子进一步加深了了解，增加了对对方观念认知的包容度，求助者抑郁焦虑的情绪明显改善。

（2）转移求助者在生活中的注意力。

建议求助者将注意力逐渐从监狱外的工作家庭琐事转移到在监狱的服刑改造上，多参与一些监狱开展的活动，多与妻子写信联系，双方也要练习从其他角度观察对方，重新接纳对方。

【咨询效果评估】

经过八次的咨询，一周一次，历时两个月，求助者的心理问题基本得到解决。心理测验结果如下：

咨询前	咨询后
SDS 粗分：55，标准分：69	SDS 粗分：40，标准分：50
SAS 粗分：54，标准分：68	SAS 粗分：38，标准分：48

咨询结束时，罪犯吴某情绪稳定，不再失眠、头疼，能较好地与他人沟通，抑郁焦虑症状消失，对生活中的琐事也不会过度关注，对不同的认知有较好的理解、包容能力，能安心改造。半年后再访，罪犯吴某情绪稳定，妻子常带女儿来监狱探监会见，夫妻和好，能积极改造，颇受好评。

作者单位：江苏省宜兴监狱

参考文献

［1］沙莲香. 社会心理学. 北京：中国人民大学出版社，1987.

［2］刘志诚. 人生本应不如此：20 名职务犯罪人狱中痛思录. 北京：新华出版社，2013.

［3］车文博. 心理咨询大百科全书. 杭州：浙江科学技术出版社，2001.

［4］米尔腾柏格尔. 行为矫正原理与方法. 3 版. 石林，等译. 北京：中国轻工业出版社，2004.

［5］埃里希弗罗姆. 健全的社会. 北京：国际文化出版公司，2003.

［6］沈德灿. 精神分析心理学. 杭州：浙江教育出版社，2005.

［7］巴隆，杜兰德. 异常心理学. 4 版. 杨霞，等译. 北京：中国轻工业出版社，2006.

［8］Timberlake，E. M.，Cutler，M. M. 临床社会工作游戏治疗. 肖萍，包雪华，荆春燕，译. 上海：华东理工大学出版社，2004.

［9］尼科尔斯，施瓦茨. 家庭治疗基础. 林丹华，李一飞，赵然，等译. 北京：中国轻工业出版社，2005.

［10］科塔姆，贝思・迪茨—尤勒，马斯特斯，普雷斯顿. 政治心理学. 2 版. 胡勇，陈刚，译. 北京：中国人民大学出版社，2013.

［11］勒庞. 乌合之众——群体心理研究. 胡小跃，译. 杭州：浙江文艺出版社，2015.

［12］罗伯特. 罗伯特议事规则. 王海连，译. 南京：江苏人民出版社，2014.

［13］史密斯. 中国人的性情. 3 版. 晓敏，译. 北京：中国法制出版社，2015.

［14］科瑞. 心理咨询与治疗经典案例. 6 版. 石林，等译. 北京：中国轻工业出版社，2004.

［15］沃达斯基，等. 社会工作与人类服务治疗指导计划. 侯静，译. 北

京：中国轻工业出版社，2005.

［16］樊富珉. 团体心理咨询. 北京：高等教育出版社，2005.

［17］弗兰肯. 人类动机. 5 版. 郭本禹，崔光辉，朱晓云，等译. 西安：陕西师范大学出版社，2005.

［18］清远. 图解心理学. 北京：九州出版社，2009.

［19］侯玉波. 社会心理学. 北京：北京大学出版社，2013.

［20］林崇德，杨治良，黄希庭. 心理学大辞典. 上海：上海教育出版社，2004.

［21］车文博. 人本主义心理学. 杭州：浙江教育出版社，2003.

［22］陈丽云，樊富珉，官锐园. 身心灵互动健康模式：小组辅导理论与应用. 北京：民族出版社，2003.

［23］费孝通. 乡土中国. 北京：生活·读书·新知三联书店，1985.

［24］风笑天. 社会学研究方法. 北京：中国人民大学出版社，2001.

［25］王登峰，侯玉波. 人格与社会心理学论丛（一）. 北京：北京大学出版社，2004.

［26］周平艳. 国内外抑郁影响因素的研究综述. 保山师专学报，2008，27（3）.

［27］吴道义. 监狱环境色彩对服刑人员心理矫治的有效性. 安徽农业大学学报（社会科学版），2013，22（2）.

［28］曹卿. 试就角色理论对服刑人员中知识分子改造心理变化的分析. 社会心理科学，2004，19（4）.

［29］高见，赵金龙，王欣，等. 退休老年人人际交往与抑郁倾向关系的研究. 中国健康教育，2010，26（5）.

［30］杨心德. 日记的心理治疗功能初探. 中国健康心理学杂志，2002，10（5）.

［31］丁锦宏，奚萍，陈怡. 30 名贪污受贿人员心理蜕变过程的质性研究. 廉政文化研究，2010（2）.